田园松阳文化丛书

第七辑

松阳县档案馆（党史和地方志研究室）编

闲时乐著

■ 洪关旺 著

浙江工商大学出版社

ZHEJIANG GONGSHANG UNIVERSITY PRESS

·杭州·

图书在版编目（CIP）数据

闲时乐着 / 洪关旺著 . — 杭州 : 浙江工商大学出
版社 , 2024.7

（田园松阳文化丛书 . 第七辑）

ISBN 978-7-5178-5991-8

Ⅰ . ①闲… Ⅱ . ①洪… Ⅲ . ①随笔 – 作品集 – 中国 –
当代 Ⅳ . ① I267.1

中国国家版本馆 CIP 数据核字（2024）第 072405 号

闲时乐着

XIANSHI LEZHE

洪关旺　著

责任编辑　张晶晶

责任校对　胡辰怡

封面设计　杭州富阳正大彩印有限公司

责任印制　包建辉

出版发行　浙江工商大学出版社

　　　　　　（杭州市教工路 198 号　邮政编码 310012）

　　　　　　（E–mail: zjgsupress@163.com）

　　　　　　（网址：http://www.zjgsupress.com）

　　　　　　电话：0571–88904980，88831806（传真）

排　　版　杭州富阳正大彩印有限公司

印　　刷　杭州富阳正大彩印有限公司

开　　本　710×1000mm　1/16

总 印 张　141

总 字 数　1744 千

版 印 次　2024 年 7 月第 1 版　2024 年 7 月第 1 次印刷

书　　号　ISBN 978-7-5178-5991-8

定　　价　400.00 元（全 5 册）

总　序

　　古之君子，有"见礼而知俗，闻乐而知政"之说。故积句成章，积章成篇，发为文章。若能感于性情而动于声音，则文章与"乐"同出，可以知政；若能融心三才而游步千古，则文章与"礼"同出，可以知俗。自"田园松阳"发展战略实施以来，"田园松阳文化丛书"一直立足松阳乡土文化底蕴，致力于知俗知政，匡矫时弊，宣化承流。

　　本丛书前五辑，在一定层面上提升了"田园松阳"文化发展之动力和活力。归而纳之，有特征四。

　　一曰包容。包容何在？在体裁也，在门类也。论体裁，有汇编如《松阳历代书目》《松阳历代文选》《松阳历史人物》，有诗词如《松阳历代诗词》，有书法如《松阳历代书法》，有散文杂记如《松阳乡俗散记》，还有古籍校注如《午溪集校注》。论门类，有涉及历史学的《松阳从历史走来》、涉及风俗学的《松阳民俗·岁时节令》、涉及姓氏学的《松阳祠堂志》、涉及金石学的《松阳金石志》等。

　　二曰自信。文化自信，是更基础、更广泛、更深厚之自信，是更基础、更深沉、更持久之力量，如《松阳百姓族规家训》彰显了松阳的深厚文化底蕴和人文荟萃，《松阳·中国传统村落》介绍了众多格局完整的传统村落，《松阳农家器用》体现了绵延千年的耕读文化，这都是祖辈留给当代松阳之宝贵精神财富。《民国松阳往事》《民国松阳记忆》则在往事记忆中透露出松阳的独特魅力和价值，唤醒群众之文化自觉，增强群众之文化自信，这也进一步坚定了本丛书推动乡土文化繁荣复兴的信心和底气。

　　三曰传承。发掘、整理、弘扬"田园松阳"文化，传承松阳文脉，讲好松阳故事，达到繁荣松阳文化、培育社会正气之目的。本丛书之分册，多以"历代"冠之，尤其彰显传承。本丛书为全县的乡村博物馆建设、农村文化礼堂建设，拯救老屋行动、古村落保护，以及古祠堂和古道修复等工作，起到示范提示的作用。

　　四曰创新。团结、凝聚、联合社会力量，加强"田园松阳"文化的对外交流，使"田园松阳"文化内生动力越来越足，发展后劲不断增强。本丛书在某种意义上成为松阳地方对外交流之书籍。

　　复览本丛书第六辑与第七辑，上述四特征，皆有所进。

　　包容愈广。第六辑中，新增门类，《松阳藏石》属工艺学；新增体裁，《烽火浙西南》是小说。《二〇〇〇年的冬天》虽是散文，但主线贯彻全书，有别前辑。第七辑中，新增门类，《松阳舆地图志》属方志学；新增体裁，《张玉娘诗词赏析》是文学鉴赏。《闲时乐着》虽是杂文体裁，但全书涵盖风俗、教育、医药、矿石等方面。除体裁、门类之外，本丛书最新两辑，个中论著，不求放意寓言，不求僭称法言，不求苟同，不求苟异。

　　自信愈固。丛书第六、七两辑有望激发县域文化界人士对松阳文化底蕴的高度自信，以及对乡土文化生命力、创造力的高度自信，如《松阴溪帆影》《桃源诗藻撷萃》，是继本丛书第三辑中的《松阳乡村诗歌三百首》和本丛书第四辑中的《松阳田园诗藻选辑》之后的又两部诗歌集。作者积极从"田园松阳"文化沃土中汲取养分、激发灵感，在新时代的文艺创作舞台上自信满满。

　　传承愈坚。包容才可会异归同，传承方能涵揉充畅。本丛书编纂委员会认为，儒、释、道同为古县松阳璀璨文明之写照。千年传之承之，总是金鸣石应；一如刊之版之，亦得激浊扬清。

　　创新愈勇。时下，中国文化事业正迎来大发展大繁荣之黄金时代，松阳，则把文化上升到了指引县域发展的战略地位。大好机遇，来之不易。本丛书第六、七两辑，展示了松阳良好形象，弘扬了时代精神。如《闲说松阳话》非但保留了生活化的方言，还原了语境的趣味性，并且有意识地将文字的意义向外拓展。这种对品质与内涵的追求，就是一种创新。

总之，感于性情而动于声音，融心三才而游步千古。"田园松阳"文化，孕育于松阳璀璨的历史文明之中，体现在当下全县人民建设"田园松阳"升级版的火热实践中，展现在每一个优秀的古今松阳人、新老松阳人身上。愿松阳文化界人士，永葆胸中有大义、心里有人民、肩头有责任、笔下有乾坤。更愿"田园松阳文化丛书"，能久经历史和人民检验，推动地方文化事业发展，推出更多反映时代呼声、振奋松阳精神之优秀作品。匡矫时弊，宣化承流，无患知俗知政之用。

编　者

2023 年 5 月

前　言

　　"闲时乐着"是我在游戏"茶苑"里的网名，意为工作之余，忙里偷闲玩一玩"双扣""黑尖"之类的扑克牌游戏。2000年，我买了手机，至今号码没变。QQ推出后，闺女给我注册QQ号，使用"闲时乐着"名。2007年11月，博客盛行时，我又开了博客，还是使用"闲时乐着"名，但文章最后落款却用"闲时乐者"。到2013年，我写了百余篇博文。之后，我开通微信，仍然使用"闲时乐着"名，常常在微信朋友圈写一点文字，或介绍某地的风土人情、风俗习惯，或针砭时弊，落款还是用"闲时乐者"。

　　我的真名叫"洪关旺"，小时候我多灾多难，认关公关老爷为"亲爷"，故第二个字写成"关"字。另外，共工因治水有功而获洪姓，所以我可能是共工的后代。祖先发祥于甘肃敦煌，2005年我还特地到那里考察，断定祖先是被流放或发配到大西北的，后来才逐步发展成为望族。

　　五十多年前，我出生在松阳县城东郊的一个贫苦农民家庭，小生命的降临并没有给父母带来些许安慰，因我已有两个哥哥了。以后的七年，父母又给我添了妹妹和弟弟，在四十平方米不到的两间破旧平房里，生活着我们兄弟姊妹五个和父母共七口人这样的大家庭。

　　从我记事起，我就身体羸弱，常年患有气管炎，夏天一浸溪水或者冬天一受风寒，就气喘，实在不行了，母亲就想办法粜点米，买来药丸或药水让我吃，以缓解病情。七八岁开始，我为生产队放牛赚点"工分"，上小学时，我是早自修放牛，下午最后一节课请假回来放牛,星期天和寒暑假去砍柴或参加生产队劳动。那时家里穷,长年累月咥的是粗粮:番薯丝饭、番薯粥、菜头丝粥、洋芋饭、洋芋粥、苞罗糊、苞罗饼,还有花麦糊、花麦面……我现在还是喜欢咥一些杂粮,但不喜欢菜头丝粥、苞罗糊。

到初中毕业的这些年,我做得最多的是放牛、砍柴、劳作,最后是读书。我是在县城一所一流的学校上的小学,可上学期间我们要常常上街游行呼口号。教我们语文的是一个外地老师,普通话不准、拼音不懂,可我还是年年得"三好学生"称号。初中我是在最好的"一中"上的,那时,刚粉碎"四人帮"不久,教学秩序还没有开始恢复,任课教师中除一个是普通师范学校毕业的以外,其他的都是"文化大革命"时期被推荐的工农兵大学生。更有甚者,是一些只有初中毕业的学历就教我们初中知识的老师。

高中我还是在"一中"读的,高一的时候我在理科重点班,一学年下来,与其他从农村来的同学相比,我的成绩明显逊于他们。他们的基础比我们在"一中"读初中的好。学校以让我在普通班当班长和担任学生会干部为条件,劝我读文科。这是我人生中第一次受打击。

接下来是噩梦般的高考生活。那时,我们全县读文科的考取大学的只有三五个,我平时的成绩很好,特别是数学和政治,老师常常在考试一结束,就把我的考卷贴出去当标准卷,供大家参考。可大考的时候,我常常怯场,有时为了求全,答案写得很多,字很潦草,却得不到高分。年复一年,我半工半读,屡战屡败,屡败屡战。1984年4月,我参加乡镇招聘干部的考试,考了个第一名,被分配到城关镇做团委书记。同年7月,考上大学,虽然是不甚理想的学校,但可以转户口,因此我还是选择去读了。

我的愿望是读政法专业,后来录取的却是中文,并且是师范类的，因此在大学里，我又报名去司法部律师函授中心学习法律。三年里学习了两个专业，并都以优异的成绩毕业。同时也收获了爱情，与现在的老婆确定了恋爱关系。之后，我被分配到区一级中学教书，也是从那个时候开始兼做律师工作。1989年，随大潮办了碾粉厂，后来倒闭了。1990年下半年，完成了三件事：通过"天下第一考"——律师职业资格考试，取得律师执业证；人被借调到"清房办"——清理、查处党政领导干部建私房的情况，后转到民政局；与相恋4年的女友登记结婚。还是这一年，由于过度劳累，我得了恶性肿瘤，于第二年的6月做了手术，之后是化疗。这是我人生中第二次受打击。

1993年，我参加"双推双考"，又考了个第一名，但那时我已是较有名的律师了。那年，我办了三个刑事案件，后来组织部门以我身体不好为由，没有使用我。这算是我第三次受打击吧。

1994年初，妻子怀孕了，我既喜且忧。忧者，一是怕我的化疗影响孩子的健康；二是怕我因病，既抚养不大孩子，将来还苦了妻儿。医生说无碍。11月8日，女儿来到人间，身体健康。1996年1月，我被下派到乡镇挂职锻炼，当了两年半的政府领导。1998年8月回到机关，从事党史与地方志工作。先是研究室副主任，2003年6月转为主任。从此在史志岗位，一干就是二十多年。原先单位只有四五个人，后来招兵买马发展到四五十个人。作为"生产队队长"，我亲力亲为。对于这份工作，我感慨颇多，从最早的抵触、消极怠工，时间一长慢慢变成鸡肋，到后来变成橄榄而产生了兴趣。我常常说现在要找一个自己既有兴趣，又擅长的工作，很难了。最后工作变成事业，更难得。

2005年，肿瘤复发，我动了一个很大的手术，翌年又做了一个小手术，但都带病坚持工作，把办公室当作自己的家了。我的工作虽然有限，但党和政府亦没有亏待我，且给予我最高的荣誉和最好的待遇。

2019 年 8 月，我退出主任岗位，但还是坚守在一线工作，决定尽快把手头上的几件未了的事了掉，然后可以真正颐养天年。

闲时乐者（洪关旺）

2022 年 5 月

目　录

一、风俗习惯

二、闲聊趣事

三、外地印象

四、亦说医术

五、玩转矿石

六、难忘朋友

七、拳拳亲情

八、平凡生活

九、讲讲哲理

十、关注民生

十一、自我励志

十二、出门不易

十三、铭记乡愁

一、风俗习惯

春　节

　　我们习惯认为大年初一为一年之始，古代称元旦，现代称春节。因此，正月初一这天，要抬头见喜、低头见利、开口言吉，诸多规矩，很多忌讳。

　　少时，记得大年初一的第一件事是父亲在吉时（一般在 5 点之前）起来"开门"，边开门边放鞭炮，嘴里念叨着"开门大吉……"，门就打开了。

　　大年初一这天，我们的习惯是由男人烧咥（吃）的，女的可以什么都不做，因为妇女从大年初二开始又要一年忙到头，唯初一可以休息。早餐一般不能喝稀饭，不能烧汤，否则据说出门会淋雨。我们老洪家是咥羹的（用淀粉将大年三十吃剩的鸡汤、肉末等，加面条、油冬菜等糊在一起）。有的人家咥大年三十先炊起来的米饭（放在篮子里，要咥满四日）。菜呢，主要是八宝菜、鱼冻、肉冻之类现成的菜肴。中饭、晚饭会炒点年糕、米粿、山粉丸和青菜，但这些必须在大年三十都切好，初一是不能碰金属的，更不能动菜刀、剪子等，以示和平。

　　大年初一早上，大人不会对孩子喊"起床喏"，据说如果喊了会被跪在床底下的跳蚤听见，跳蚤会跳到你的床上，你整年会被跳蚤黏上。咥天光（吃早饭）的时候，也不叫孩子"咥天光喏"，据说如果喊了孩子，孩子会一年到头咥不饱。这一天，不能说带"死""无""光"等人们认为不吉利的字眼；要说吉利、有"彩头"的话。

　　过去，老百姓会在"丈间"（中堂）的香火桌（丈间桌）上放柏、柿、橘（百事吉），无论是亲朋好友还是左邻右舍，只要有人来串门，都要沏糖茶、敬烟；端出瓜子、花生招待来人。瓜子、花生壳满地撒，被认为是财富；大年初一不拿扫把，不能扫地，到初二了扫去污秽。

我们这里大年初一，还有登山、踏青的习俗。

我的祖母是大年初一出生的，1953年就去世了；那时我的大哥还没有出生呢。从我记事起，大年初一的下午，父亲会带着我们到祖母坟前祭拜。1991年父亲也撒手人寰，我们就延续这个习惯：大年初一下午，祖孙三代人，都到父亲、祖母坟前扫墓，称拜"新年"坟（一般要在正月初八之前去拜"新年"坟）。母亲会给每个孙辈发一个红包，犹如旧时胙肉。

现在许多陈规陋习已改变。我们这一带，大年初一这天，一般不去做客，都到男方的父母家里团聚，晚辈给长辈拜年，也不需要行跪拜、纳福之礼，问声好就是了；长辈还得给孙辈发红包。在长辈那儿吃了晚饭回家，大年初一就算过去了。

十一岁那年

2008年1月19日是星期六，我还与往常一样，早起爬山晨练。天依然下着零星小雨。我在寺庙喝清茶的时候，老婆打电话来，要我早点下来，一起到市里给我买过年的新衣裳。回到家，老婆说，丽水"某某"店搞店庆，有促销活动，所有的商品都打对折，以往给你买衣服，你都嫌弃，不是尺寸不合身，就是颜色不合意，害得我跑商家好几趟。今天，你没有什么任务，就一起去买过年的新衣裳吧。我说，买件衣服要跑几百里地，犯得着吗？老婆说，你们男人穿衣服讲究牌子，我们这里名牌的服装都不打折的。到丽水都是高速，很快就到的。因是给我买衣服，我亦不能推辞了。

11点许，到了"某某"店门前，车满为患，绕了好几圈，才发现一个空位子泊了车。走进店里，人山人海，个个都是购物狂，拎着大袋小包的。老婆拉着我，直奔4楼的男式服装城，不管价格高低，只要觉得我穿起来好看，就让我试试，挑中了衣服，选皮鞋。又给女儿挑衣服，可女儿在电话里明确表示，衣裳要自己买。下午1点多，我们出了店门，草草吃点午饭，驱车返回。

下午1点至3点，是我生物钟里的盲点，这时只要给我打个盹，哪怕五分钟也行，就好了的。若这个瘾不过，一个下午，以至晚上我都会无精打采。因此，老婆不断地给我说着事儿，怕我开小差，我也硬撑着，丝毫不敢大意，直到安全回家，才舒了一口气。

这次买衣服，不由得让我想起我十一岁那年的事儿……

我出生在农村，少时，家中五个兄弟姐妹都读书，父亲常年身体不好，因此，生活条件相当困苦，温饱问题未能解决。我七岁开始边读书边为生产队放牛挣"工分"，一有空，就跟着兄长不是上山刐（砍）柴、耙松毛，就是到溪滩踏刺把、捡枯枝。每年的寒暑假，我们的头等大事就是刐柴。那时，只能刐点槠衣、刈点毛草，没有别的。把柴火堆得满满的，即使连续几个月雨雪天，也不愁无柴烧，这是我们兄弟姐妹最大的心愿。

十一岁那年（1973年）冬天里的一天，我跟着母亲上山 刐柴，挑着柴火回来时路过一个村庄的供销社，我们便停靠休息，看见许多人撕青布给孩子做过年的新衣裳，母亲也向同去刐柴的同村人借了钱，撕了块青布，并委托邻村做裁缝的女师傅，给我赶制一件新衣服好过年。以后几天，我更加拼命地刐柴、干农活，盼望着新衣服的早日到来。

正月初一，我与兄弟姐妹一样，起了个大早，准备穿着新衣服"显摆"。不料，宽度、长度都宽大了好多，根本不是我这样一个瘦小的人能穿的。我把衣服一脱一扔，钻进被窝赖着不起来。没办法，母亲只好把衣服送到邻村裁缝师傅那里修改了。

后来得知，裁缝师傅听母亲说要做大一些，要穿好几年的，就做成可穿到十七岁的样子。

想想过去，现在还有什么不满意的？

情人节的遭遇

2009 年 2 月 14 日是星期六，天气晴朗，是个再普通不过的日子。

不过，对西方人来说，这天是个浪漫而富有情趣的节日——情人节。不知从什么时候开始，我们当中的一些年轻人、暴发户、老板或真的浪漫，或为了显示自己的身份，或为了标榜价值卖弄风骚，学着洋人过起情人节来。殊不知情人节之来源是非常悲壮的。而我们却把这个节日给庸俗化了——看谁花送的人多、看谁送的花多、看谁送的花贵、看谁收的花多……

这天，从早上陆续收到朋友、学生关于情人节祝福的短信，我偶尔也回个短信表示感谢。下午朋友约我一起吃晚饭，我推辞了。一家人吃了晚饭后，妻子出去快走锻炼，女儿说到书店买书。我在家干家务——洗碗、拖地。心想，我多做点家务，老婆就可以少做点，这也算是情人节我送给老婆的礼物吧。

不料，8 点多，老婆锻炼回来了，一进门便说某某今天收到多少束花，某某是在哪个饭店过的情人节，意思就是我不给她送花，不和她过情人节。我说我们都四十多岁的人了，实实在在地过日子就是，哪用那些虚情假意的东西。老婆说，我连虚情假意都不会，就是不在乎她。她一句，我一句，辩得不亦乐乎。我说好好好，你在乎形式的话，我明天去多买几捧鲜花给你，她说那不算。我无话可说……

我一朋友更糟，因工作性质常与外商打交道。晚上，他与老婆一起，手机响了，一看号码是陌生的，且是境外的，怕有诈，挂断拒接。他老婆说什么电话不敢接，神神秘秘的。朋友做了解释。过了一会儿，电话又来了，还是原来的号码，朋友又把它挂断了。他老婆怀疑地说，接个电话又不需要多少钱，因为她在，不敢接，心里有鬼吧！朋友分辩，他老婆不信。夫妻俩又辩得不亦乐乎。这时，电话铃又响了，朋友一狠心，按了免提接听，是个女声，清脆悦耳，可听不懂内容，说的是外语。朋友挂断电话，询问移动公司，告知是付费越洋电话，夫妻哑然。有些可恶的人，就是抓住情人节人们的心理活动复杂这一点，赚取不义之财。

哎，外国人的情人节，不知害得我们多少夫妻产生隔阂、闹起矛盾，有的还趁火打劫。

不值啊！

二月二

2008 年 3 月 9 日，星期日，阴历二月初二，是个大晴天。

不知从什么时候起，三八节成了妇女们约定俗成的旅游节，老婆也不例外，7 号出发，到上海、江苏等地游玩去了。

由于老婆不在家，且是星期天，早上我比平时起得晚，7 点半左右才去爬山（云岩山）晨练。回到寺庙（供奉胡公大帝）喝茶，那里人声鼎沸，热闹非凡。庙祝说，今天是二月二，是拜佛的好日子。一盏茶的工夫，好几个妇女拿着求的签诗让我给她们解释，其中一位是想当村主任而来求大帝保佑的。也有几个老者，我问他们二月二有什么讲究和习俗，都说不晓得。回家查多种志书，皆无记载。

我只记得小时候，过年后，父母要切一块青糕，或留一个黄米粿，等到二月二这天，拿出来煎年糕、炒米粿。那时没有冰箱，年糕、米粿都发霉有了斑点。父母会告诉我们红斑点代表太阳（晴天）、白斑点代表雪花、黑斑点代表阴天（下雨）……可从中判断一年天气的总体情况。他们说，煎了年糕、炒了米粿，香味会把蜈蚣、蚂蚁及一些害虫吸引到锅灶、铁镬里烫死，一年到头就没有蜈蚣、蚂蚁等来犯了。而我们的东北乡三都山区，有吃猪尾巴、大肠的习俗。腊月宰猪的时候，把猪头、猪尾巴和猪大肠腌制后挂在火穹头用烟熏。二月二这天把它们洗干净，先祭祀土地，说这天是土地的生日；然后烧吃，据说，味道好极了。有些地方，过了这天，"年"才算真正过完了。

农谚"二月二，龙抬头"，是说这天龙已苏醒，开始布云施雨、普降甘霖，农事就忙碌起来。我们这一带这一天有种萝卜的习惯，也称点"囡儿"菜。我们有"二月二晴，草出三巡"的农谚，意为这天放晴，那么接下来倒春寒的天气就多了，会把长出来的青草一次一次冻死。不过，现在环境破坏严重，这些农谚也不一定准确了。过去，我们这里还有二月二"剃龙头"和给婴儿断乳的习俗，说二月二"剃龙头"送晦气，婴儿断乳容易。在西南山区的玉岩一带，有二月二晒腊肉的习俗，这天若天晴，家家户户把腊月腌制的猪肉放在温水中洗净，然后放在天穹下晒干。

晚上8点许老婆回来了，因晕车，一到家洗个澡躺床便睡，晚饭都不想吃，说旅游就是花钱买受罪。晚上十点钟，我煮了一锅粥，炒了一盘菜，煎了一碗糕，叫起老婆吃二月二的饭。

清明节

2008 年 4 月 4 日是清明节，清明节既是二十四节气之一，又是较大的传统节日之一。《岁时百问》云："万物生长此时，皆清洁而明净，故谓之清明。大家知道，战国时期开始，在清明的前几天还有上巳节和寒食节，其中寒食节是纪念介子推的。唐宋时期开始把清明节和寒食节合二为一。对于清明，我们最熟悉的莫过于杜牧的"清明时节雨纷纷"，三岁的孩童也能成咏。

清晨，我送女儿上学后去爬山晨练，天下着瓢泼大雨，我只爬到半山的寺庙，喝杯茶后慢慢回到办公室加班。9 点半，弟弟来电话，说母亲已准备好祭品，让我快回去上坟。

我们这里清明节是咥天光（吃早饭）的。小时候，家境贫寒，但清明这天的早上，父母一般会烧一碗肉汤，煮一锅毛笋，热一盘清明馃，算是过节了。清明馃是将鼠齿菊（或蓬）捣碎与糯米粉和匀，裹以芝麻、赤豆、松花粉做成的椭圆形的甜馃，或用春笋、鲜肉、蚕豆、芥菜梗、豆腐干、辣菜、咸菜等为馅做成咸馃，包以箬叶或青栎叶，蒸熟即可食，刚出笼时有很浓的清香味。上坟也放在上午进行，祭品要用冷的赤豆馃，大概与寒食节有关，因此，清明馃要前一天做好。同时，上坟的清明馃不能用芝麻馅，否则子孙身上会生虱的。

一会儿，父亲名下的十九人除了上班、上学的共来了十三人，加上母亲共十四人都到父亲的坟坛前给父亲祭祀。此时，天空放晴，太阳露脸。我们上供品、烧纸钱、燃鞭炮。我的侄儿、侄女、外甥等十分虔诚地给父亲跪拜上香，母亲向父母祈祷要保佑其名下的所有人。约个把小时许，祭罢，天又下起大雨。大家回到父亲生前盖起来的老房子里喝口糖水或喝杯清茶。我们这里的习惯，清明节采摘茶芽用手搓几下，就泡茶，说喝清茶，明目。然后到弟弟新盖的房子里咥腩午（中饭），真正过了个清明节。下午两点半，我们三对夫妇到公墓山去祭奠 2007 年 4 月 26 日英年早逝的朋友，我们四家曾一起过了四个年，谁能想到，乐观、自信、有事业心、有抱负的朋友会突然撒手人寰，与我们生死两隔，使我们无不扼腕叹息。

旧志载：清明时，门户插柳枝，扫墓挂纸。近者，挈家人稚子偕行，携酒肴拜奠，邱陇林麓之间，杜鹃辉映，灼如也。

现在盖的"洋房"千篇一律，也无人插柳枝，小孩在野外折杜鹃花倒还有。

寒食节也好，清明节也好，都是怀念先人，都是祭祀的日子。我们在寄托对故人的哀思的时候，也要珍惜今天，珍惜自己，开开心心过好每一天。

母亲节

自 2008 年 3 月底从舟山回来，为准备"抗损"课题成果现场会，我寝食不安。其间又有十余天的考察、五天的山村蹲点调研；这样，五一也没得歇，在办公室加班加点。每天就是晨练爬山、办公室、家里，在三个点上忙乎。因此，连母亲也只见了两三面。

今天是 5 月的第二个星期日，11 号，母亲节。虽然是洋人的节日，但我已于昨天下午抽出时间回老家看望年逾古稀的母亲，算是给母亲过节吧。

母亲是典型的农村妇女，出身于兵荒马乱之时，外祖父的过早去世（母亲四岁时），使外祖母十分艰辛地拉扯着母亲和比母亲大三岁的姐姐及比母亲小两岁的娘舅长大。母亲自小就帮着外祖母放鹅，从未上过一天的学。新中国成立后就参加生产劳动，补贴家用，合家供娘舅上到高中毕业。因此，母亲会做很多农活，且出手也快。前不久，她闲不下来，还帮别人采茶，说比年轻人采得还快呢。

母亲生养了我们兄弟姐妹五个，我处中间，上有两个兄长，下有一个妹妹和最小的弟弟。我从有记忆起，母亲就无日无夜地辛勤劳作着，每天最早起床生火烧饭，然后出工挣"工分"，中午回来烧饭喂猪，然后又出工，晚上回来烧饭、洗碗、喂猪。那时，父亲常年身体不好，不能做重体力活，母亲身上的担子就更重。加上我们兄妹五人或上学或尚小，帮不上什么忙，因此，家境极为贫困。但父母仍然忍辱负重，克服种种困难，让我们读到不想读书为止。

20 世纪 70 年代中后期，我们开始试种杂交水稻，粮食才能自给。母亲最大的愿望实现了：不用上家下家、左邻右舍到处借米下锅了。

　　等我大学毕业,我们兄弟姐妹五个刚出山,生活条件刚开始改善,1991年阴历八月,父亲突然带着我们的遗憾撒手人寰。母亲忍着极大的悲痛,又开始操心我们的下一代。先是照看外孙,然后是孙子、孙女。现在她的名下第二代九个人,两个是公务员,其他的或在大学或读中学。儿女也蛮不错,对老人也孝顺。母亲为我们感到自豪。可母亲还是今天为这家儿辈操心、明天为那个孙辈操心。我们劝她省省心,母亲就是放不下对儿孙的操心。特别是我的身体状况,是母亲最大的心病,只要有风吹草动,母亲就整天整夜不睡,为我担惊受怕。近年来母亲的身体每况愈下,再也受不起什么折腾了。

　　可是,我们常常说"老来小",随着年龄的增长,老人的性格、脾气会变成小孩样,有些事情还要儿孙善意地"哄骗"。

　　家有老是个宝。母亲身体好,是儿女的福气。但愿母亲晚年幸福安康!

剃　头

不知从什么时候起，人家管剃头叫理发、美发，可我一直沿用"剃头"至今。说法虽土了点，但亦形象。

2008年6月1日是星期天，我与往常一样，早起爬山晨练，快进山的时候，听到山上人声嘈杂，以为是初一或十五的进香客来了，走进山中才知道他们是挖"端午茶"（关于端午茶，在下篇端午节里介绍）的人们。询问得知，再过七八天就是端午了。潜意识摸摸头发，已很长，该"剃端午头"了。

我们这一带，男子一年当中有两个头是要剃的。一个是"过年头"。大年三十之前，再忙也要抽出时间去剃个头，把晦气剃掉，并且忌讳被剃头老司"封头"，即最后一个剃头。过去好心的老司一般会在剃好最后一个人的头时，拿来木勺用剃刀象征性地刨一刨，权当那是最后一个"人"，且把剃刀剁在木勺上，称"封头"。另一个是"端午头"。小时候，孩子怕剃头，父母会恐吓：你头发那么长，会被人剪去系粽子的。这也许与端午习俗扼粽子有关，我没有去考证，但"剃端午头"的习俗世代相袭。

同时，我们这里，男子一生当中有三个头是要剃的。一个是"满月头"，即孩子出生满一个月的时候，一般请剃头老司上门，由父亲或祖辈抱着孩子给其剃头。剪下的头发用草纸包着放在衣柜底部，可终身留念，或当作定情信物；在洗头汤里放两个煮熟了的鸡蛋，给剃头老司。第二个要剃的头是在结婚前夕。结婚也是人生大事，因此，剃个头风光风光，称"剃新郎老官头"。第三个，就是人生在终结之前或已终结时，草草地剪一下，称"落山头"。这个"落山头"也是抽风生意,除工钿外,另要包红包。

过去,剃头是用"洋剪"推,推好后,老司用剃刀剃两颊的茸毛;倘若谁眼睛揉进什么尘埃、细沙之类的,老司用剃刀的柄给你轻轻一拨弄就会好了,很是舒服。现在,不用洋剪,小伙子用一把剪刀"喳、喳"三下五除二,给你剪好了。曾有段时间,理发的师傅全是年轻的女性。我有个怪脾气,我的头是不允许女人摸的,只好到乡下请年老的剃头老司给我剃。改革开放初期,看到港澳台明星头发是卷起来的,我们的剃头老司就学着把"烫钳"(像火钳,但有雌雄)放火里烧红,然后使其凉到一定程度再夹头发,"烫"卷发。

晨练后,我找了一家"某某名剪"剃头,小师傅头发黄黄的,够新潮的。给我剪发很是认真,难为他了。我的头发又软又细又疏,经过他近半个小时的打理,竟然也弄出个发型来。老婆、母亲都说"这样好"。付费二十元,价格是三十年前的一百倍,二十年前的二十倍,十年前的十倍。

嗟乎,工序越来越简单,费用却越来越高了。剃头也成为过去式。

端午节

2008 年 6 月 8 日，阴历五月初五，是传统的端午节。在几个重大节日中，它与中秋节的日子是固定的。

端午节源于哪朝哪代，无法考证，一般的说法是与战国时期楚大夫屈原（阴历五月初五，投汨罗江殉国）有关，而我们浙南这一带的民间传说却说与唐末黄巢起义有关。但是，根据闻一多先生的考证，端午节与生活在这一带的越族先民有关。阴历五月初五，人们包粽子，并把粽子撒入江中喂鱼鳖，以免鱼鳖伤着大夫的身子；人们赛龙舟，是为了以最快的速度去救这位爱国诗人；再后来，人们在自己的门前插上艾叶（像战旗）、菖蒲（像刀枪），又表示支持黄巢起义军，以免误杀误抢。

我们这一带（松阳一带）端午节主要是唑薄饼，把上白的面粉加点盐、明矾，兑水成糊状，然后放在锅里（熬盘）釉成薄薄的像腐皮一样、直径三十厘米左右圆形的面皮。再炒一些菜，如肉丝、煎鸭蛋丝、大蒜、青椒丝、黄瓜丝、苋菜、豆芽、墨鱼丝、四季豆丝等，其他可多可少，但田螺头是少不了的，民间说法，端午唑了田螺头，人的眼睛会像田螺一样又圆又亮。这些菜切成丝状炒熟，把菜汤沥干，吃时把菜包在薄饼里面，呈圆柱形。不习惯的人，包不好薄饼的，不是皮破，就是漏底，吃起来手忙脚乱。

小的时候，端午节最忙碌的就是我父亲了。我们村子里会釉薄饼皮的人不多，因此，左邻右舍加上亲戚，很多人等着父亲釉，而我们自己的薄饼放在最后釉，常常要 12 点左右才能吃上薄饼。这门手艺因少时怕烫手，我没有从父亲那儿学会，大哥倒是学会了。现在每每咥起薄饼就会回忆起已故去近三十年的父亲。父亲釉薄饼的情景还历历在目。

关于为什么只我们这里端午节咥薄饼，到了 2016 年，我才从志书中得知：明朝嘉靖年间，为纪念由举人任松阳知县的罗拱宸（柳州马平人，光绪《处州府志》作"罗拱辰"）而流行。嘉靖三十二年（1553），倭寇入犯江浙，滨海数千里同时告警。罗拱宸率兵民积极抗御，朝廷称为"能以孤军当劲敌"，破格升其任浙江按察司佥事。罗县长带领兵民到宁波、台州沿海抗倭，为了不延误时机，让伙夫烙饼，把菜卷入饼中，这样，边行军边咥饼，最后取得胜利。人们为了纪念他，慢慢有了端午节咥薄饼的习俗。

我们这里端午节的习俗多，有与其他地方相同的，也有不同的。端午节喝雄黄酒，各地一样，这是最早的疾病预防；赠香袋、插艾叶，防止蚊叮虫咬。女婿"送端午"，丈母娘赠麦秆扇，讲究孝顺。我们这里还有一个习俗，不知其他地方有没有，就是小孩中午 12 点整时从露天的水井中舀生水喝，据说喝过这时的井水以后，再喝生水就不会拉肚子了。

采端午茶，也是我们这里独一无二的习俗。过去一般过了五月初一，我们这里家家户户都到田野、山上、溪边，挖采鱼腥草、百家吉、黄根蘡、白面柴头、鞯干呢、决明子、山楂、绞股蓝、白毛藤、菊花、益母草、淫羊藿、半边莲等等，有几十种。看你家人身体性寒还是性热，增减配伍草药。把它们洗干净，用柴刀剁碎，晾着，端午日午时放锅里炒，等炒出香味，再拿去晒干存放。夏天泡一壶当凉茶，防暑防疹防湿；若有点感冒、作疹、中暑、作食、腹泻之类的，抓一大把端午茶放壶里煎它几分钟，然后趁热喝下去，出身汗，小病小痛我们是不用上医院的。现在有老板在开发我们的端午茶，把它做成保健饮品。

其实，我们这里的端午节，也是女儿节。像过年"送年暗"一样，出嫁的女儿在端午节也是要"送端午"的。端午日，女婿提着肉面（过去规定，不管贫富，猪肉两斤、"洋面"两斤），带着妻小到丈母娘家过端午，这也是女儿回娘家看父母的日子。咥了薄饼，带回粽子，丈母娘还要回赠用麦秆编织起来的扇子，有小孩的还要给小孩包红包。我与老婆从认识至今三十二年了，每年都会"送端午"，即使女儿大了，我们一家子还是或初四、或初五必定到丈母娘家过端午。这是我们"法定"在女方过节的节日。

端午节可记叙的事情很多，比如端午水，我们这里初一到初五总有一天要发大水，且常常发生在初五端午这天。因此，沿松阴溪村庄的老百姓，端午节就提前一天过。这样，端午节就不怕发洪水。

现在的人们生活节奏快，省了许多繁文缛节，也不太讲究端午节的习俗了。还好，从 2008 年开始，国家把它定为法定节假日，相信人们会重视起来的。

七 夕

　　2008 年 8 月 7 日，阴历七月初七，古为七夕节，又曰乞巧节。因有"2·14"情人节，而我中华泱泱大国上下五千年却没有情人节，有好事者，牵强附会，说这一夜牛郎与织女一年一次相会鹊桥（有的说是喜鹊飞向天河，用身体搭成天桥，称鹊桥；也有的说是喜鹊把民间端午节小孩系的五色线衔到天河搭成彩色桥），是中国的情人节。因此，最近几年，它演变为年轻人的浪漫节日。他们既过外国人的情人节，也过我国的七夕节。

　　旧志载，我们这一带在七夕这天拂晓时，民间老百姓将准备好的水果、茶酒、糕饼、香烛、佐膳供上，祭拜七姑星，为孩子祈求健康、多福。祭罢，供品分给孩子享用。晚上，女孩子设祭品、焚香烛，向织女星跪拜、讨巧，因而七夕节又称乞巧节。而小女孩会用一盆水，把绣花针拿到头发上擦几下，再放到盆里的水上。如果针浮在水面，且发出花丝，则被认为讨到"巧"了。

　　久婚未育者或求子者，夜半至夫人庙拈香，称"烧头香"，时有灵验。有子女的妇女，亦乐奔至夫人庙，以三牲供之，谓为夫人做生日，希望夫人保佑其家人安康富足。由于祭祀的都是女性神仙，供品用茶叶，不用本地的家酿酒，"以茶代酒"，因此又称"敬茶节"。有简单的，就在自己的天井坛放张桌子，桌子上沏碗茶敬献仙女、菩萨。

中元节

2008 年 8 月 15 日是星期五，阴历七月十五，又叫七月半。我晨练回来，就到菜市场砍了一刀肉，买了块豆腐，又到花店插了捧鲜花，骑着妻子的电瓶车回郊区老家。

七月半，古称中元节，俗称死人节或鬼节，我们有祭祖上坟的习俗。去年的七月半，我出门在外开会，晚饭后才能回家；妻子到缙云参加同学会，第二天才回来；女儿到江西散心去了。我们不能到父亲坟头祭拜，只得打电话给兄长，让他代劳在父亲坟前多烧炷香，多烧刀纸。

过去我们这里七月半，家家户户做灰汁粿或炊灰汁糕。前者，把早籼米碾成粉，再把好一点的稻草烧成灰，用开水冲泡，沥清；放在锅里烧开，逐步拌入米粉，给它挥熟；趁热做成窝窝头状，一个一个放在砧板摊凉即可。稻草灰碱性大，又容易上火，因此，刚蒸好的灰汁粿，不能趁热吃，否则会尿阻。等凉后，黄澄澄的，咥时，或煮、或炒皆可。后者，是取丝瓜的叶子，搓碎取汁，沥清，拌入米粉至羹状，一次将个把毫米匀摊在蒸笼上，熟一层，添一层，一直到十来个厘米，炊出来的灰汁糕绿绿的，因一层层很多，故又称千层糕。它没有灰汁粿的碱性，但做起来麻烦。咥时，或煮、或炒或干脆蘸蘸酱油、醋即可。

这天晚上，民间有放水灯、放焰口之俗。人们在桥头、路口插香、烧纸，谓烧三十六炷香、化七十二帖纸。昔日，还有盂兰盆会之举。

不用十分钟，我就到了父亲的坟前，摆上鲜花，寄托哀思；回到老家，偌大的房子，仅母亲一人。才喝了一口茶，老区的客人来电话，说在政府大院门口等我有事相商，匆匆告别母亲，回来接待客人。

中秋节

阴历八月十五中秋节，是传统的团圆节。从今年（2008年）开始，国家为保护非物质文化遗产，将这一天列为国家法定节假日了。

翻了翻旧志书，只记"是夜各家饮酒玩月"八个字。

对我们江南来说，中秋节是一年当中四个大节日之一，与春节、端午、冬至一样受人们重视。身处家附近的人，一般都要回家与家人团聚共进晚餐。倘若确实回不了家，家人也会在餐桌上摆上你的碗筷，撒上半碗酒，算是"名分"。

这天，我们家家户户做"沙擂"——糯米浸泡七天（泛指多日）磨粉，称"七日粉"，晒干。再和水揉成汤圆大小，放在开水中烧熟（浮上来），捞到事先装备好的装有炒芝麻粉（有的就是芝麻粒，过去困难时期用炒米粉、炒玉米粉或松花粉代替）的器具中，滚动汤圆，使其沾满芝麻或粉，叫擂沙擂。芝麻拌有白糖，擂好即可食，香甜可口。

过去，我们这一带的民间艺人会做一些"月光佛呢"。它是用面粉捏成的各种造型，或动物，或神话、民间故事中的人物，栩栩如生，烘熟，供小孩把玩、拜月，当零食。

晚上，小孩子要拜"月光娘娘"。月亮上山时，在米筛上摆上月饼、柚子，点上烛，焚上香，唱着"月光朗、疏朗朗……"的歌谣。一旬香后，跪拜月亮，祈求娘娘赐给健康的体魄、聪明的才智。拜毕，分咥供品。熟语"男不拜月，女不祭灶"。遇到月食，村妇无知，说是天犬咥月，敲着破脸盆大声呵斥，吓唬天犬，直至月食结束复原。

我到现在还没有做过沙擂，中秋夜都是或与父母或与岳父母或与兄弟姐妹一起过的，但让女儿拜月光的习俗，一直延续着，也算是对非物质文化遗产的传承。如果十五夜间没有月亮，那么，十六晚上得补上。

据民间传说，八月十五中秋节，还与松阳一个道士叶法善有关。过去皇宫春季祭日，秋季祭月，还没有定下八月十五为中秋节。道家是把正月十五元宵节定为上元节、八月十五定为中元节、十月十五定为下元节，作为天官、地官、水官的生日。说有一年八月十五晚阴（晚上），月亮又圆又大，唐明皇问叶法善有没有办法到月宫一游。于是，叶法善作法，携唐玄宗遨游月宫，并聆听了"仙乐"。返回皇宫后，唐玄宗把"仙乐"记录下来，后来成为宫廷音乐"霓裳羽衣曲"。

而在唐明皇高兴之际，叶法善进谏，把八月十五定为中秋节，唐玄宗采纳叶法善意见，把八月十五定为中秋节。对这一传说，我查找了一些资料，只能将其定位于"传说"而已。

家酿酒

今天（2008年1月24日）有衢州的朋友来拜年，不亦乐乎！

朋友姓夏，是位诗人，中国诗词学会的会员。到我这里来，一者是拜年，二者是采风。他已出版了两本诗集，第三本也准备得差不多了。

中饭的时候，朋友说不大会喝酒，就说喝点"花雕"黄酒吧。我们力荐喝我们的土特产"家酿酒"，并嘱咐服务员去烫两斤卵（蛋）丝酒。

卵丝酒是将家酿酒加点姜丝烧到七八十度，然后加进红糖（现在用白糖），再把鸡蛋打碎"发"下去（两斤红酒、一两糖、一个鸡蛋）。过去我们这一带民间坐月子就以卵丝酒或酒烧荷包卵为主食，据说可以催乳，使妇女多产乳。卵丝酒喝着甜甜的，没有什么酒味，可后劲很足。一般外地来的客人，若不知此酒的习性，都会不知不觉地喝醉。诗人朋友是个老手，又是我的好朋友，因此，我们把他顾牢，没有劝他多喝。不过，在众人的敬劝下，诗人也喝下近两斤卵丝酒。宴罢，诗人乘兴游历了城郊的几个名胜古迹，并当场赋诗五首予以赞美，不亚于李白斗酒诗百篇。

朋友一定要趁夜回去，我们强留不下，于是定了个便餐，再劝朋友喝点家酿酒时，他力辞，最后喝了杯葡萄酒。他说，你们的家酿酒确实好喝，就是后劲太足，中午喝了到现在头还是晕乎乎的，回去要坐车，绝对不能喝了。问我们此酒的酿制方法。大家七嘴八舌，不能完整介绍。

故父一生滴酒不沾，可掌握精湛的酿酒技术。我从小耳濡目染，也学会酿酒方法。去年阴历十一月，老婆嚷着要酿老酒，我说虽然十七八年没有酿过了，并且不是最佳酿酒季节，但凭我的手艺肯定还可以酿制。结果，酿出的酒真的很好喝，老婆啧啧称奇。

我们的家酿酒，也叫红酒或黄酒。一般阴历八月至十月为最佳酿制时间（气温最适宜），所酿的酒称"八月缸"或"十月缸"。它选用上好的糯米，将其浸透、淘净、炊熟，把井水或泉水（自来水要先烧开，然后自然凉）放在酒缸（阔口）里（一斤米一斤半水），看当时的气温情况，若气温低，糯米饭要热一点放到缸里；若气温高，糯米饭要摊凉才能放进缸里。然后按十斤米一升（约七两）红曲的比例加入、拌匀，盖上缸盖，气温二十摄氏度以上时，不能盖严，要留出缝隙。十八个小时后，若糯米饭出现裂隙，则要"打"一次（把上面的饭捺下去），以后每隔十二小时"打"一次。碰到气温很低的天气，要在酒缸的周围围一圈稻草或棉被之类的东西保暖。等到糯米饭和红曲全部"化"了，且澄清；把酒糟沥掉，又澄清，把"酒脚"撇掉；再把清酒放在锅里烧开，冷却后装入酒坛（瓶），就算大功告成了。在酿酒时，忌讳言"酸"；有说法要放铁器菜刀、柴刀在缸盖上，防止"山魈"捣乱。

我们的家酿酒，制作虽麻烦，且考验技术，但喝了舒筋活血壮骨。

我的介绍让诗人听得更加晕乎了。

冬 至

2007 年 12 月 22 日是二十四节气里的冬至。谚语"日短短到冬至，日长长到夏至"，冬至，意味着以后的"白日"长起来了。

上一辈人，习惯把冬至称为"鬼节""死人的节日"，又称"小年"，过的是前一天晚上的"冬至瞑（夜）"。有"有的咥咥一夜，无的咥冻一夜"的说法。过了冬至，小孩子的年龄长一岁，因此人们非常重视这一天，外出经商、务工、学艺等的人员都要回家祭祀祖先，与家人团聚。实在回不了家的，家人会给他放上一个碗，倒上半碗酒，摆上一双筷子，当作"名分"。若当年娶了新媳妇，也要加碗筷，以示第二年添丁发甲。

昨天是冬至瞑，中午，妹妹烧了一桌丰盛的菜肴：鸡、鸭、牛、猪肉、鲈鱼、带鱼、炒年糕、山粉丸、沙擂，还有各色时令蔬菜。邀了妹夫的父母、我的母亲、我们夫妻，还有妹夫的几个朋友。共十几个人，围着大圆桌，"哗啦、哗啦"，不到半个小时，大家陆续吃好回家午休去了，没有节日的气氛。

下午三四点钟，我们兄弟四个，每家一人，还有妹妹、妹夫，加上母亲，到老家给父亲、祖母上坟。在坟前，摆上鲜花、水果、面馃、肉块、酒水，焚烧各种冥钱。没有孩子的参加，也说不出个味道。

晚上，一朋友在酒店定了饭局。十七八人座位的自动旋转的特大圆桌，又是大酒大肉。个把小时，大家嘴一抹，打牌去了，也没有节日的气氛。

今天一大早，丈母娘打电话来，叫我们一家子，晚上回去过冬至。

女儿说她不去，一者晚上要排练舞蹈；再者，要减肥，自己在家里烧点青菜饭吃吃就好。丈母娘又张罗了一桌菜，这种肉、那种肉的，这种熟食、那种熟食的。

现在物质条件比以前好多了，菜肴比以前丰富、酒水比以前高档；可是，不管你怎么吃，都找不回过去过冬至的那种感觉。

我小时候，父亲常年身体不太好，要吃药保养，里里外外的许多事情都是母亲操劳。我们兄妹五个，父母铁定了心，让我们读书学文化。因而，我们家是村子里最困难的家庭之一。1976年之前，温饱问题没有解决，母亲常常提着米袋，向这家、向那家借点米来下锅。但逢年过节父母都会想尽办法置办、制作一些大家都有的年货或食物。因此，我们都盼望过年过节。每逢冬至夜，父母会买斤把肉，先取一块给祖母上坟，然后，剁点肉末与萝卜丝一起做馃，即"冬至馃"。料是荞麦面，因加工粗糙，黑黑的；馅是萝卜丝加点姜丝、葱花、粉丝、豆腐干，再加一点点肉末。每当炊"冬至馃"的时候，我们围着锅灶焦急地等待着它的出笼。父母说蒸好了，还没等到父母把"冬至馃"从锅里端上桌，我们就迫不及待把馃夹到碗里，狼吞虎咽吃起来。那个香，至今不能忘怀。

现在生活好了，想吃什么有什么，可吃什么都觉得不是那个味儿。

平安夜

今天是 2007 年 12 月 24 日，是洋人的平安夜，明天是洋人的圣诞节。

早上 6:30 起床时，听到窗外"哗哗"地下着大雨。南方冬季的雨天，气温也较低，冷飕飕的，怕女儿骑车上学淋湿冻着，就对女儿说："今天，爸爸送你去上学。"女儿听了以后，显得非常兴奋，直说："好的，好的。"女儿毕竟还小，只有十三岁，还要常常撒撒娇，但我们太早让她过独立生活了。送女儿上学后，天依然下着雨，我还是撑着伞，坚持爬山晨练去了。

晚饭后，约 7 点。老婆约了个朋友去快走锻炼身体。我打开电脑，看看自己的博客已加了一千多个好友，我想既然是好友，那应该走走、拜访拜访，因此，计划按地域一个一个"走访"，凡是"博友"自己原创的文章、诗歌、作品，我都会认真拜读，并写点自己的评论，没有原创的，就给"博友"浇浇幸福之水，问声好。可是今夜，老婆的手机忘记带在身边，落在家里，我没有走访几个博友，老婆手机响起来了，一看来电显示是我认识的，就接了电话，对方说今天是平安夜，找我老婆玩去，我告诉她打什么电话能联系上。如此这般，接了不下六七个电话，我一遍一遍告诉她们如何联系。我的手机也不断收到短信，报平安的、祝圣诞快乐的，我又一个一个回信，表示感谢。两个小时下来，我只拜访了两三个"博友"。9 点许，老婆把女儿接回来。女儿一到家，张口就说："爸爸，今天是平安夜，要吃苹果的。"

不知从何时起，我们也跟风，过起洋人的节日来了。我们正在着手编写我们这里的《风俗志》，从三个时间维度即"一生一世，一年到头，一天一夜"来写我们独特的风俗习惯，挖掘我们的传统文化。"一生一世"，即从小孩出生（送生母）到做"会亲"、做"迭幼（一周岁）"，到十岁、二十岁生日，结婚，六十岁以上逢九做华诞，直至去世。"一年到头"，即从正月初一开始，到大年三十夜，再到其他传统节日、二十四节气等岁时节令。"一天一夜"即特殊的日子一天到晚的风俗习性。

我们的许多风俗习惯不要说我的孩子不知道，就连我这四十多岁的人也不知道。昨天，有朋友说，不晓得冬至是节日，也情有可原。因此，我们撰写《风俗志》刻不容缓，意义重大。

我是传统文化的捍卫者，但也不反对人家过洋人节。

圣诞节送给小偷的礼物

2007 年 12 月 25 日，是西方人的圣诞夜，是洋人的新年。不知从什么时候起，我们这里也崇起洋来，一大早就收到许多朋友有关圣诞祝福的手机短信。

应朋友之邀，也出于职责，上午 8:30 出发，到山区搞调研去了。由于老区人民的热情，咥了晚饭才回来。晚上 9 点来钟回来，停好车。走到宿舍楼下一看，电动自行车不见了，到家问老婆、女儿，都说没动，确定遇到了窃贼。这辆电动自行车是去年 9 月底买的，价格两千八百元，平时我不出远门上下班时骑骑，只骑了两千余千米，因此还有九成新。昨天晚上，我忘记加锁，还特意叫女儿去加锁了。

十三岁的女儿分析说："窃贼没有钥匙，不能连接电源，肯定开不出，拉不远，可能把车子藏到哪个角落，等夜深人静时再来拉去，建议与我一起去找找。"

我与女儿拿着手电筒，这里找找那里照照，毫无踪影。到路口代销点一问，老太婆说："今天下午上班后，这里有好几个人的电动车被盗或车锁被撬。"这时来了个老师，她说，这几天好多人的电动车的电瓶被盗。我想盗贼猖獗，问题严重，只能报案，于是拨打 110。

一会儿，来了一辆警车，王、蓝俩警官到家询问情况，女儿一一作答。送走警官后，女儿马上说："爸爸，我长大了也要当警察。"我问其故。她讲："车子被盗后，我有福尔摩斯侦探般的思维；刚才见到警车闪烁的灯就兴奋；看见警察叔叔穿的警服觉得威严。因此，我有当警察的天赋。"我说好的，你读好书，到时候报考警官学校。女儿又说，爸爸，你今天的博客，就写圣诞夜遭遇偷车贼。我说两千八百元，不是小数目。她说，小偷也要过圣诞节，就算送给小偷的礼物吧。还是她豪爽。

【按：之后，我们这个小区持续被盗多辆电动自行车；有的整辆车被盗走，有的电瓶被挖去。不知过了多久，案子总算破了，是外地流窜来的犯罪分子所为。多数车身被丢在溪边、坑边，电瓶低价卖给了电动自行车修理店。最后，作案人、销赃人都得到了应有的惩罚。】

独特的腊八粥

2009 年 1 月 3 日是腊月初八，过去我们这一带有喝腊八粥的习俗。腊八粥就是将糯米与红枣、赤豆、桂圆、大红袍、番薯、洋芋、莲子、薏米……加点糖，一起熬成的粥。一者庆祝当年丰收，二者祈求来年风调雨顺、家人幸福安康！现在一切从简，也很少人费工夫去熬腊八粥了。

我也与以往一样，没有特别关注腊八的日子。元旦第三天假期，早上爬山晨练比平时略迟一些。约 7 点钟，突然，听到"哧"的一声。接着，我的车子响起警报"呜呜"声。我以为是谁在我的车子旁边撞到什么东西，使我的车子敏感而报警，故没当回事。一会儿，朋友给我打电话，说车子被人撞坏了。

到车旁一看，车子后面的保险杠被撞了一个大窟窿，惨不忍睹。朋友告诉我，其爱人看见撞车的那辆车。说是个年轻的女子开的，可能是送孩子补习功课，掉头时撞了我的车。那个女的下车看看没有人，就开车走了。可朋友的爱人刚好在楼顶浇花，看见了，并记下了车牌号。

我拨打了 122 报警。不到十分钟，交警来了。简单询问了知情人一点情况，拍了几张照片，说到时与我联系。我把车子开到修理厂，师傅告知修理费要不了一千元。我想想算了，这点钱自己出了也无所谓，不向保险公司报案，也省得麻烦，就当破财免灾吧，照常爬山去了。

中饭的时候，老区来客人。因没车接客人，向他们说明缘由，请求谅解。大家一听，七嘴八舌，同仇敌忾，"不能就此了结"，说这是品德行为，最起码的道德都没有。倘若把人撞了，也逃走怎么办？不能纵容这种行为，影响社会风气。要我狠狠教训一下这个品行不端的女子。

下午2点，交警来电话，说肇事者在交警队，让我去商量赔偿事宜。我说请交警代为斥责其逃逸行为；至于赔偿，肇事者认识错误到位，态度好，就随便赔点吧。交警说，她要负全责的。我说交给你们处理就是了。

日常生活中，我们有时会有意无意地侵害到别人的利益、有意无意地伤害到别人的感情，请记住，说声："对不起！"取得对方的谅解。在理的一方，也要学会宽容，得饶人处且饶人。

这也算另一番风味的腊八粥吧。

又到腊月打米粿时

2008 年 1 月 20 日，弟弟从外地回来，邀我们一家三口到老家城郊咥中饭。席间，上了道炒黄米粿，是家妹的厨艺，黄米粿炒得绿绿的（青菜的绿）、软软的、一根一根清清爽爽。老婆连夹几筷子，嘴巴忙里偷闲不停地呼着"好咥、好咥"。她不知那是我们老洪家祖传的手艺。

我的老家在城郊，在我们这一带过年有打黄米粿的习惯。米粿，全国流行的叫法是"年糕"，过去，把糯米、粳米、籼米按比例浸透、炊熟，然后放在石臼里用棒槌敲击，到饭粒略糊，再放在模具里，按成一条条印有花纹的年糕，其颜色是白的。现在简单，用机器轧，一边米倒过去，另一边年糕就轧出来了。而黄米粿的米质、添加成分、工艺与年糕有很大的不同。

黄米粿需要柴汁，把带有碱性的青蓬（常绿小灌木如鸟儿叶柴、硬壳田螺柴、豆腐叶柴除外）烧成灰炭，然后，把锅里的水烧开，再将柴灰倒到锅里煎，等灰汁煎出来后，把灰渣滤净澄清等用。米是选用上等的粳米，浸透、淘净，用大的饭蒸（能蒸一百斤米）蒸（也叫炊大饭），等全部"上汽"后，抬下饭蒸。再把等用的柴灰水放锅里烧开，然后淋在大饭蒸蒸的粳米饭上。等灰汁水沥干，把大饭蒸的饭倒到大的"达马桶"里，再用小的饭蒸炊（也叫炊小饭，一蒸大的分六个小的），也到上汽时，拨到石臼里用"米粿棍"戳。一般七根棍，大家错开戳，七八分钟后，相对的两个人，用棍子给米粿翻个身，再打六七分钟，全打细腻了，由两个或三个人把它挑到面板上，然后，根据各人的喜好，把它揉成两三斤一个的，扁圆的或圆柱形的黄米粿。上等的黄米粿的颜色是青黄的，很是好看。又有一股淡淡的清香，十分诱人。

以前，腊月一到，我们整个村庄就忙于打黄米粿。有的是给亲戚朋友加工，有的是加工起来拿到市场去卖，赚点钱好过年。这个时候，我的父亲是全村最忙碌的一个人。因为他是米粿老司，穿着平时舍不得穿的较新的衣服，到这家，看看大饭上汽没有；到那家掌握淋柴灰水的分量，再就是揉擂米粿。父亲揉擂起来的米粿，光滑度、包浆度都无人能比。父亲就是这样年复一年，为全村的人义务服务着。常常亮天光、鸡鸣了回家。我和二哥很小的时候，就跟着父亲走家串户学着掌握"大饭的上汽"、淋灰水的分量以及一些补救措施，学揉擂米粿的技巧。

1976 年之后，我们开始种植杂交水稻，粮食自给有余。母亲与几个妇女合伙，在市日的集市里（现在南直街与横街交会处）摆了个米粿摊。父亲这些男人们负责打米粿，母亲她们在集市炒米粿卖。我母亲是农村妇女，要拉扯一大家孩子，没有工夫给我们做精致的东西，菜也是一大锅一大锅的，但米粿炒得很好，不亚于父亲的手艺。父亲是个厨师，我们兄弟姐妹五人，从小受到熏陶，长大后，人人都会烧制，特别是炒黄米粿，比别人家里炒得更纯真，更有感情。因为我们是黄米粿村里黄米粿师傅的后人。

1991 年，父亲突然去世，从此，我家就再没有打过黄米粿。村里的几个后生，买来机器，弄点色素，榨出来就充当黄米粿，色、香、味与正宗的黄米粿差得大着呢。

又到腊月打米粿时，我不禁想起了父亲。他离开我们已经近二十年了，我早就想写点纪念性的文章，可不知如何下笔。父亲的音容历历在目，我总觉得父亲冥冥之中还活在某个地方。

做豆腐

童谣："雪花飘飘，外婆炊糕；雪花浓浓，外婆煎糖；雪花满大路，外婆做豆腐。"虽然中原大地一派雪灾，可我们浙西南山区，2010 年还没有下过雪，更没有雪花满大路的情景。

2 月 5 日，在哇晚饭的时候，老婆说，明年搬入新房子，叫母亲做一祚豆腐来，自家做的豆腐比买来的豆腐好哇。我说豆腐我也会做，老婆说我吹牛，二十年了从没见我做过豆腐。我说不相信算了，反正我会做就是。

过去，二十年了吧。父亲（1991 年去世）在世时，我家到腊月，就会做豆腐，一般做四五祚。每祚豆腐用豆十二斤左右。做豆腐的前一天，把大豆洗干净，浸透，再用石磨磨。石磨分上下两爿，分别凿成雌雄钮，上爿距中三分之二的地方有个小圆洞，磨豆的时候，一个人推磨，一个人添豆。磨出的豆浆经豆腐袋布过滤流入"达马桶"。十几斤豆磨好后，要烧一锅开水，冲洗豆腐袋布里的豆浆沥渣，洗干净后，又将豆浆倒入锅里烧开，然后，舀入"达马桶"里，和盐卤水。

和盐卤水是做豆腐的关键技术所在。熟语"盐卤点豆腐"或"细水和豆腐"。我小时候耳濡目染父亲和盐卤，也常常叫父亲给我试试，不知不觉就掌握了这门技术。

盐卤，先要把它炀成水，然后倒到碗里，碗沿挂块纱布，慢慢倾倒细流，边倒边用木勺和，直到豆浆凝固结块。盖上密封的坛衣或面板，上面放把菜刀"做伴"。个把小时后，豆浆变成豆腐花，再把它舀入豆腐架里的豆腐袋布里，包好，压上石头或水桶，基本干后，切成块状，豆腐做成。若豆腐是用来做油豆腐的，则盐卤水一次性举高倒入豆浆里，其他工序相同。

小时候，父母亲会在豆浆形成的环节让我们回家喝一碗甜豆浆；或者在豆花环节喝一碗豆花。再就是晚上煎、拓、泡豆腐的时候，让我们自己选择喜欢的咥法。

家做的豆腐与买来的豆腐区别在于一个用石磨磨，一个用机器碾；一个用盐卤，一个用石膏。用石膏的产量高，但口感差，营养低；家做的豆腐好吃，但也麻烦。现在农村也很少自己做豆腐了，特别是磨豆浆，费时费力。

过去，在磨豆腐时，有小孩在旁，添豆的妇女会唱着童谣，"吱咕咣，磨豆腐；豆腐磨起哪侬咥，请外甥；外甥咥了做哪呢，敲脚铛"。

打蓬尘

2008 年 1 月 31 日是腊月廿四，传统的小年夜，可我们没有过小年的习惯。由于最近一段时间阴雨绵绵，加上老婆是个"上班族"，因此，家里的卫生还没有打扫呢。今天，老婆趁休息，也顾不得下雨，请了两个帮工，上午半天时间，就把家里的蓬尘给打了。晚上，老婆又系着围裙、戴着袖套，与女儿一道擦家具、拖地板，好像没有我这个男人的事似的。

过去，我们农村打蓬尘是当作一件大事来对待的。

先是挑日子，一般在糖糕炊好、米粿打好、豆腐做好后，又是要晴朗的天气又是要一个吉日（不能挑选属火或木的日子，意易生火灾；最好是选一个属水或金的日子）。家中的男子把新鲜的竹枝绑在长竹子的一头当扫帚，打扫之前，用围巾将整个头部包得严严实实（露出双眼），戴顶箬笠帽，换上破衣裳，穿上蓑衣，把家中从上到下、从里到外都扫一扫、刷一刷，特别是瓦椽下的蜘蛛网、锅灶旁的灰尘，经常扫得像筛灰；妇女们把大橱小柜、桌凳碗筷搬到水井、水塘边或小河、小溪沿尽情搓擦。上面扫下来的蓬尘和旮旯儿扫出来的垃圾不能倒掉，要放在锅灶门前的火落堂焐灰作肥料用。不像现在垃圾乱倒，那样被视为不聚财。

打蓬尘这一天，主妇要给打蓬尘的男子沏一杯酽酽的糖茶，另外，要烧一碗鸡蛋面条或豆腐酒，让男子祛除邪气，以图吉利。

打了蓬尘后，家里的东西对外只能借不能送，就是火落堂的灰也不给人家，据说那样财运会被带走；就是至亲也不留住夜，不给人家洗澡，等等，据说那样会带来厄运的。凡此种种，陈规陋俗很多。

　　现在的农村，大多是砖瓦结构的楼房，烧的是煤气、沼气，不像以前烧柴火，烟熏、尘飞，厨房也清洁得多。虽然还有打蓬尘的习惯，但已经是轻描淡写了。某些村口、水塘旁、小河小溪两沿已倒满垃圾，成为垃圾场，没有循环利用物质的传统了。

　　【注：水塘旁、小河小溪两沿倒满垃圾的现象一直到2014年浙江实行"五水共治"后，才得到彻底改观。】

过大年

俗话说"小孩盼过年，大人怕过年"。

过去，小孩高兴的理由很多：一者，在生活贫困的日子里，有鸡、鸭、鱼、肉，还有瓜子、花生、糕点等吃的，可以改善一下伙食；二者，父母会给孩子添置新衣裳，孩子大年初一穿上新衣服可以显摆；三者，多多少少有一个压岁包，这是可以自由支配的压岁钱；再者，过年的时候大人一般不会责骂孩子，更不用说动粗，孩子可以尽情嬉戏，即使过分点也没事。现在的孩子，吃、穿、钱不是问题，过年主要是精神上的放松，可以放下课本、作业，安安稳稳地睡大觉，舒舒服服地玩游戏。而大人怕的原因也很多：过去，主要是愁粮、愁钱，"无柴无米过年边，下雪下雨叫皇天"；现在，主要是感叹岁月不饶人，又老了一岁；过年与过日子没有什么区别，失去了激情。

小时候，我们这里年晡这一天，父母是很忙的。一大早，首先要把"三牲"（猪头、鸡、鹅）放在锅里煮，熟透后捞起，用来请"年神"（鸭、犬，不能祭祀的供品，不能一起煮）；锅里煮出来的汤用来炊山粉丸。中饭将就咥点，主要是为准备年晡饭。下午，我或大哥，就要开始写春联。那时，村里左邻右舍的春联大多由我们来书写。写好后，用米汤贴上春联，节日的气氛马上显现出来了。这时，年晡饭也可以开咥了。过去，虽然生活条件差，但是，过年的时候，菜肴还是丰盛的，有鸡、鸭、鱼、猪头肉、猪耳朵、猪舌头、年糕、米粿、山粉丸、时令蔬菜；还有一道菜叫"百宝菜"，是把白萝卜、红萝卜、腌萝卜、腌白菜、海带、豆芽、芥菜梗、生姜丝、墨鱼丝、大蒜叶等用植物油烩起来的。以前没有冰箱，百宝菜可以咥到正月初十后。咥饭的时候，若有家庭成员因故不能在家过年，那么要摆放空碗和筷子，在碗里撒上半碗酒，算"名分"；正巧碰上娶新媳妇，也要多摆上一个碗和一双筷子，图吉利，意味明年添丁。

1982年以前没有"春晚"电视可看，孩子们吃了年饭，就开始嗑瓜子、剥花生，还有炒番薯片、爆米花、冻米糖等。而父母就开始煎肉冻、鱼冻，同时，还把年初一的菜先切好，因大年初一不动刀剪。等这些活忙完，已经10点多了。母亲才开始洗头、擦身子；父亲扫地，把最后的垃圾倒到"火落堂"煨灰，再撒一把米或谷到旮旯儿饲老鼠，叫它们不要偷吃粮食，咬坏谷仓、谷柜。父亲识字，看皇历，何时辰是吉时，就要"拦门"，边放鞭炮，边闩上大门，嘴里念叨着"关门大吉"。不许再出入，要等到初一"开门"后方可归出。倘若有人没有回来，有的象征性钻犬穵，开一条门缝闪入，或经边门进入。

孩子一般先不去睡觉，我们有"守岁"的习惯，说越迟睡，父母的寿命越长。后半夜，父母给每个孩子整理新衣裳，包压岁钱，把压岁包连同花生等放进孩子的新鞋子里，孩子们再上床睡觉，大年三十就算过了。但中堂的灯一直开到天亮，取"满堂红"之意。

祸不单行卅晬

今天是（2009 年 2 月 9 日）正月十五，按老习惯，过了今天，年就算过去了。回想今年的春节，除天气外，心情也不是很好。我对在卅晬遇到的种种惨象、郁闷、不快，还耿耿于怀。

最近几年，回家过年重新成为时尚；因此，腊月廿九，我召集十几个朋友的家庭，先过年。年三十，各自回家与父母及亲人团聚。我们家族因父亲去世得早，平时母亲与妹妹一起生活，但年三十，一定要回郊区老家过年。我们选择在弟弟家，一者，弟弟新房子落成不久，需要热闹；再者，母亲也愿意。这样，我们就不用办年货，届时一家三口去咥年晬饭就是了，显得很轻松、惬意。

我们有三十夜沐浴的习俗。中饭在妹妹家吃了回来，老婆说不知太阳能热水器里的水温是几度，若温度不高，趁早加温。按按钮，显示"缺水"。我们马上意识到，可能早上气温低（零下六摄氏度，是阴历 2008 年最冷的一天），水管冻裂了。我爬到楼顶一看，果不其然。老婆去找了几个热水器店，都已关门过年去了。后来，还是我开着车，满城里找才找到一家正准备关门过年的水管店，可店主死活不肯上门服务，只得买了水管，借了工具，回来自己安装。还好，这点工序对我来说是小菜一碟。老婆笑逐颜开，我却跑上跑下出了一身汗。

晚上，从弟弟家吃了年夜饭回来。我说反正不出门了，把大空调也开起来，过会看"春晚"暖和一点。一拉开关，过不了十分钟，突然断电了，满屋子漆黑。于是，我点着蜡烛，背着梯子，一个个查保险盒。最后，追查到是电表旁的保险丝因超负荷断了。查到原因，接下来的工序对我来说还是小菜一碟。女儿阳光灿烂，我可又出了一身的汗。

离"春晚"还有一个多小时，我打开电脑，进入博客，准备给"博友"拜个早年，可不管你怎么弄，就是进不了自己的"家园"。家里的电脑形同虚设，没给大伙儿拜年心里也说不出滋味。

"春晚"开始了，四周鞭炮声、烟花声此起彼伏，短信拜年也开始了。2008年6月份买来的手机，因在平安夜打乒乓球，我不小心弄碎了屏幕的有机玻璃，在寄给厂家更换途中，手机被快递公司弄丢了。只得再买一个，新款苹果手机许多功能不会使用。写短信没有笔，用指头感应，笨手笨脚不适应，半天整不出一条来。又不好群发，因此，只能隔三岔五地回几个朋友的短信：也是蛮郁闷的。

好在祸不单行三十夜行，祈望福无双至来年至！

三请三朝

皇历上说，今天（2008 年 1 月 12 日）是个黄道吉日，因此，结婚、乔迁、过生日的宴请特别多。家里二哥，新居落成，也挤在今天请客，可因为没有提前一个月预定，大小酒馆、饭店都被人定去了，没办法，只好放在家里宴请宾客。

二哥二嫂的亲朋好友来了好多，一共摆了二十五六桌。请了厨师，按照饭店的规格，烧了许多的菜。我与姑表、叔伯长辈一桌，他们都是七八十岁不等的老者。大家边哐边谈。

他们说，过去请客，几片肉，杀个猪，就很排场了。鳖、鳗、石蛙等许多人因忌口而不哐，因此，它们是不上桌的，而现在被看成上等货。他们感叹桑海沧田、世事万变。道路的改善、交通工具的改进、通信条件的发展，过去是想都不敢想的。比如请客，叫（邀请）客就是一个麻烦的事，现在一个电话、一辆车全搞定。他们特别详细地讲了过去请客叫客之难事。

古人云"请客容易，叫客难"。若请客没有按礼数叫客，客人可能摆谱不来，那么理亏于主人家；客人请来了，不管主人家烧得好不好、排场不排场，客人都不许有怨言，否则会被说"贪哐"，理亏于客人。请客有三请三朝的礼数。

主人家有某场"好事"，必先请算命先生选一个"好日子"，称"挑日子"或"捡日子"；所要邀请的客人，若路途遥远，则通过各种渠道提早通知，如市日，让同村、近村的熟人带口信到客人家。请客的头一天，主人家会请有文化的人，把要请的客人姓名按地域用毛笔抄写在几张长方形的红纸上，再物色几个对客人以及客人所在地都比较熟悉又有点文化（以后加了又会骑自行车）的人专司"叫客"。请客的当天，叫客的人要起个大早，拿着名单，点着"佛香"，把邻近三村的客人先叫一遍，每叫一个人，就在他的名字后面用香（之后用香烟代替）戳（烫）一个洞，然后回来咥早饭。咥了早饭，各自按线路到远处去叫客人。清朝的时候，一般的人家走路，财主老倌请客的话，叫客的人可以坐轿；民国后，有自行车租赁。叫客的人，与客人一同前来。10点来钟，要二请二朝，烫第二个洞；客人入座，开宴放鞭炮前，叫客的人要进行第三次请和朝，逐桌逐人对一个朝一个戳一个。一个不漏后，方可放鞭炮开宴。

现在时代进步了，请客发一份请柬、打一个电话就了事，路途远的长辈让人开车去接就行，少了陈规陋习。可那种浓浓的亲情、人情味也越来越淡薄了。

喝会亲酒

今天（2008年8月3日）是阴历七月初三，早上晨练爬山到寺庙喝茶的时候，看见好多人来进香拜佛，询问后，得知是黄道吉日。

原来是"好日子"，难怪一个远房亲戚挑在今天做"会亲"呢。

我姨妈女儿的女儿，嫁到五十千米外的一个古镇的人家，生了个孩子，按照我们浙西南的习惯，要在孩子出生一个月内做"会亲"，即宴请男女双方的亲人。因结婚时或没有请客或男女双方各自请客，而这次是男女双方的长辈和亲人首次会面，因此叫"会亲"。

过去，妇女生育前约个把月，娘家预先送婴儿穿戴的衣物，还有产妇吃的红糖、生姜、催生茶、催生酒等，我们称"担催生"；孕妇腹痛不得向外人说，一般认为说了易难产，夫家馈以"利市布"给担催生的人（一般是孕妇的兄弟姐妹）。

生产后，亲朋好友携母鸡、鸡蛋、红糖、肉面等礼物"送生母"。过去，有个习惯，就是生的是男孩送鸡蛋要逢单，或二十一个或二十三个，是女孩要逢双，或二十二个或二十四个。但远房亲戚不知道生的是男孩还是女孩，又忌讳去问。那么，如何处理呢？就委婉地问小孩的外婆或奶奶，鸡蛋送单数还是双数。再没有办法，就多放几个，看主人家收了几个蛋，从而判断是男孩还是女孩。

主人家在新生儿满月（一个月内）前，择一吉日请亲友。这一天，把生母娘在坐月子时所哐鸡蛋的蛋壳，倒在三岔路口，任凭行人践踏，预示孩子将来命贱，像野狗野猫一样，生命力强、好养。亲朋好友来了，烧卵鳖、泡糖茶待客。在这一天，也请剃头师傅剃满月头。在剃头汤内放松树、柏树、万年青及熟鸡蛋。师傅在理发时用松柏轻拂婴儿脸蛋，口念"松柏长寿、长命百岁"等吉利话，礼毕，剥鸡蛋，分送给在场或邻家的孩童享用，意为孩子出壳成形。会亲日，婴儿穿戴整齐，抱出来"会亲"。

　　今天是星期天，长兄和母亲希望我也能去一下喝会亲酒。一者，开车可以搭侄儿、侄女去；二者，毕竟是亲戚；三者，最主要的是，我在收集我们这一带的风俗习惯。因此，去咥了个"排场"，就回来了；长了知识，可以整理非物质文化遗产了。

竖 厝

竖厝是我们这里的土话，意为盖房子，也许你还是不懂，那就叫上梁，假如还是不明白，那就只有耐心听我再用土话再解释一番了，相信你会理解的。

前几天（2008年11月23日）阴历十月廿六，说是个黄道吉日。老婆的姨妈家盖了新房子，结顶，宴请宾客。我们去祝贺，叫咥"竖厝"酒。方言"厝"者，房屋也；"竖"，栋梁树立之意。

过去我们浙西南地区建造的房子都是泥木结构。首先，是砌墙脚。开工之日，要挑日子，风水先生格罗盘；主人家给放样的泥水师傅包红包。砌墙脚最早用鹅卵石，后来用岩石、条石，现在有的就直接现浇地龙。其次，是打墙。用墙板固定墙的厚度，把一定湿度的泥土倒在墙板内，用墙锤夯实；有经验的打墙师傅，两人一板，一边夯墙，一边哼着打墙调子"嘿吼、嘿吼"，颇有韵味；一板一板往上挪，四板为一垛，墙角交叉，这样夯出的墙牢固。再次，竖柱子。根据房屋空间结构（或直头三间，或三间两客轩），用大的杉木做柱子；若是两层的，中间凿榫头，架横梁，撑起房架。最后，是上梁。建房前，到山上挑粗大、笔直、树龄较老的孪生两根杉木中的一根做栋梁。用时不通知山主（当然事先与山主商谈妥），把树砍了，树梢和较粗的树枝都背回来，叫"偷栋梁"；砍后，在树桩口包上红布，旁边放上红包，数额数倍于市场树价；背回来的栋梁要抬到偏僻的旮旯里，不给人踩踏；整根栋梁不得用斧头劈削，只能用刨子刨。栋梁先不上，其他的横梁先安装。

一切就绪后，挑选"出煞"日（黄道吉日），捡好时辰，一般多在半夜三更或凌晨上栋梁，最好是在下雨天，叫"厝雨"，据说若下雨，主人家以后好做咴的。届时，木匠师傅端栋梁的一头，另一头邀上有父母、下有儿女的壮年人抬着。两人一同上楼梯，木匠师傅一手端栋梁，一手持着斧头，每上一个台阶，斧头敲打着楼梯，嘴里念着什么"姜太公在此，百无禁忌""鲁师爷在此，大吉大利"之类的话。然后对上栋梁的榫头，垫上木板，两头同时用斧头敲复榫头。此时，木匠师傅还是大声念着经咒，下面燃放着鞭炮。栋梁上好后，在梁上挂上被单（被单是亲戚朋友送的，被单的多少，既代表财富也昭示主人的为人）。接着是撒馒头、糖果，现在有的还撒红包。上栋梁时，主人家的、亲戚朋友的、邻家的孩子会聚集在下面，"抢"馒头、糖果、红包。之后，把栋梁的树梢、树枝取木针多余的和刨下来的刨花烧掉，表示栋梁是通才，全部都有用。接下来，就是前来喝"竖厝"酒的亲朋好友，给主人家钉椽的钉椽，倒瓦的倒瓦，要赶在中午 12 点前把瓦片倒好。然后，在新盖的房子里开宴，喝"竖厝"酒。

现在不管是平顶还是坡顶房，房顶都用水泥现浇，坡顶上覆盖琉璃瓦，没有了上栋梁的习俗。不过，屋顶现浇这天叫结顶，也要挑选"出煞"日，结顶时竖起五星红旗，有的另挂被单；也有撒馒头、糖果、红包的；并在新房子里宴请亲朋好友。

各地的风俗习惯不同，但大多成为非物质文化遗产，故简单记之。

婚　礼

　　旧时，松阳的结婚礼仪，大致相沿"父母之命、媒妁之言"之俗。熟语"天上无云不行雨，地上无媒不成亲"。记得 20 世纪七八十年代，还是以"媒人"说亲为主，再由父母做主。在媒人替其说合时，男女双方都会提出先了解一下对方的人品，讲究"门当户对"。看重对方长辈的德行，口碑不好的，一般避而免谈。

　　民间婚姻讲究明媒正娶，全由媒人说合，媒人可主动揽活，为双方牵线搭桥，也可受人之托，忠人之事。在撮合成功后，媒人可得到一些钱财，称为谢媒礼。俗语"成不成，酒三瓶"。谢媒礼一般由男方支付，如果是男到女家，则由女方支付，在成亲的前一天，连同送媒人的鸡、鸭、肘子、鞋袜、布料一起送到媒人家。媒人第二天引导接亲，称为圆媒。

　　了解了双方家长的人品后，若没有发现什么瑕疵，男方在媒人带领下到女方家里做初次探访，称为相亲，俗称望亲。男方要带一些礼物，礼不在多，表心意而已。松阳俗语："派（破）柴望（纹）绺，讨亲望舅。"旧时，男女双方难以谋面，往往从兄妹间的侧面去了解对方的性情、人品、相貌。但新中国成立后，女方也会精心打扮，与男方见面。

　　我们的习俗，许多话不好直说，就体现在礼数上，避免尴尬。若女方及父母对男方表示满意，就会热情招待，点心烧三个糖霜卵鳖（鸡蛋）；若不甚满意，烧两个，且退回礼物；若不满意，就不烧点心，直接退回礼物。男方见了女方，若满意，则咥两个卵鳖、留一个；若不满意，则咥一个、留两个。

　　男女双方都表示满意后，男方要备礼前去求婚，俗称过礼。此时，男家请媒人问女方的名字、岁数，俗称问名。媒人将男方的生辰八字送到女方家，把女方的生辰八字送到男方家。请算命先生推算双方八字，合，则婚事继续；不合，则婚事到此为止。女家若同意联姻，便会决定订婚（过去称"批书"）日期。

　　订婚时，媒人先取男方鞋样（尺寸大小）送交女方，以备制作新郎鞋，为行聘时的一种回聘礼物，俗称"送鞋样"。届期，男方备礼，厚薄视家庭经济情况而定。唯礼单和红帖礼书，由媒人率伕力抬送女方。此为古礼中的纳吉、纳征。定聘时，定金忌单数，定礼须成双成对；忌说重、再字，以避重婚、再嫁之嫌。女方受聘后，须回敬礼物，如新郎鞋帽衣料之类，以及红帖礼书（允婚书词）。然后，女方备办嫁妆，嫁妆价值总是超过男方聘金价值；所以，俗称女儿为"赔钱货"。贫家嫁女，可以收聘金不办嫁妆，出嫁时只带随身衣物。但须由媒人事前说清楚，得男方谅解，才不伤和气。

　　婚前一两日，媒人率伕力赴女方家搬运嫁妆，并略送食品礼物，"送轿下"。嫁妆可分家具摆饰类和衣箱铺盖类，贫家不办嫁妆者，可省略此仪式。女方将嫁妆陈列在庭院中，让人观赏。发妆前，男方要送一笔礼金给女方父母。发妆开始，先马桶，再被褥，先后有序。搬妆人搬嫁妆时，每人只能够进出一次大门。搬妆队伍以鞭炮送行，富裕之家的搬妆队伍绵延一里多长，以显阔气。嫁妆进入男方大门前，男方要放鞭炮迎接。

　　婚礼前一天，男方送礼给女方，称为"送担"。礼品一律以抬为主，所用扁担、箩筐、麻袋等物，都要披红挂彩，还有千年运、万年青各一束。媒人手提篾菜篮儿，内置猪肉、面条，领队前往。红纸扁柏，表示红红火火、白头偕老之意。

　　"送担"者来到女方家门口时，以鞭炮报信，但女方家故意将院门紧闭，或想法拦住不开，称为"拦门"。女方只以鞭炮回应，表示知道送礼人群已到。门外只好再点鞭炮相催，门内又以鞭炮回应，双方有一番礼仪性的对答。如此玩闹一番，门才露出一条缝，待"送担"人将事前备好的一个个"开门包"递入，方始开门迎客。

礼品送到时，女方近亲要核对礼单、验收彩礼，有的还背来大秤，衡称分量，美其名曰"称彩礼"。称毕，不管分量足否，都提出再补若干，名曰"补子孙"。如有送礼不周，还把媒人关进牛栏，由其他人赶路回家再取些礼物后，方放媒人出来。其实，凡此种种都为取乐，并非女人故意为难。

旧时，新娘一般是在下午出娘家门。新娘先向祖先神位和长辈辞行，出门前，一般要"哭嫁"，以示对父母家人的依恋。旧俗是大哥抱上轿、二哥掀轿帘、三哥送棉鞋、弟弟舀水泼轿顶。新娘脱去旧鞋换上新鞋，双脚不得沾地，以防沾走娘家的"风水"。再由兄弟或堂表兄弟背驮或抱出家门百步之外，伴娘搀新娘上花轿。新娘出门，不可回头张望。此时，女方父亲坐在正堂、母亲坐在床沿，双脚紧踏地面，以防"风水"流走。

娶亲的归途，如遇庙、祠、井、坟、大石、大树等，都要把花轿遮起来，为的是避邪。接亲途中，忌"喜冲喜"和"凶冲喜"。如路遇另一家娶亲的花轿，轿夫们要比技较艺，尽量使轿子抬得平稳一些。如遇出殡的，娶送亲人员都要说："今天吉祥，遇上宝财啦！"为避免遇见出殡，往往白天送礼担、搬嫁妆，半夜再接亲，次日设酒席宴请亲友。

迎亲队伍将到男方家门时，男方鸣炮奏乐，花轿停下后，第一个去掀轿帘的人，新娘会递出一个红包，这叫轿门包，由伴娘将新娘搀下轿来，傧相向前赞礼。这时婚礼进入高潮，鼓乐不断，伴娘开始撒五谷豆，新娘下轿后，男方"理事婆"（所谓的命好福好者）

用两只布袋相替交换引新娘走上正堂（这叫"传代"）。拜堂仪式开始，红烛高烧，亲戚朋友、职司人员各就各位。有引赞、通赞两人各站一边开始引赞。一拜天地，二拜双亲，夫妻对拜，拜堂结束后将新娘引入新房，入房后伴娘马上向房门外撒五谷豆（茶佐），由"理事婆"打开"理事桶"（马桶），里面也有一个红包，谓之"理事包"。新房的布置讲究，堂屋门前对联一副加横批，堂屋中间香案上一对硕大红烛，新房墙壁挂姐妹夫送的"百子图"，没有嫡亲姐妹就以叔伯、姑表姐妹夫署名。然后，进行婚宴。男方家酒宴是娘舅坐首席，新娘一桌由未嫁姑娘陪席。婚宴结束后，开始闹洞房，吃和气面。闹洞房，除逗乐之外，还有其他意义。据说洞房中常有狐狸、鬼魅作祟，闹洞房能驱逐邪灵的阴气，增强人的阳气，据此有俗语"人不闹鬼闹"。闹洞房时，新郎要领着新娘作揖认亲。凡是男家尊长，在傧相的赞礼声中，一个个进来接受新郎新娘拜见。民间时兴童子在洞房内撒尿，多撒尿于尿盆，抢先者得盆内红包，此称为童子尿盆，寓意早生贵子。老者长辈（多为女性）翻箱倒柜，实为看嫁妆，却美其名曰拌（翻）子孙。新娘泡茶佐（娘家自制的蜜饯，以兰花、嫩豇豆、桂花等酿制）款待。看时辰差不多了，闹新房停止，由"理事婆"将新房门关上，用秤钩钩在门外的门环上。古时婚姻多是父母包办，相亲时甚至用年轻男子代为"打照面"，这样门外等于反锁，结婚晚上怕真新娘逃婚。洞房之夜最主要的是一对龙凤烛，新郎、新娘通宵不睡，谓之"守花烛"，看着花烛有无损漏，恐有不祥之兆，迷信的说法是左烛尽新郎先死，右烛尽新娘先故。如有一烛灭时，即将另一支烛熄灭。

　　松阳女子出嫁时不得带镜子，在女子出嫁后第二日，由女方同辈兄弟将新娘子平时穿戴的衣物及镜子送来，俗称"送镜"。妻舅送镜，还有一层探望姐妹新婚夫妻感情是否融洽的深意。姑爷家要盛情招待妻舅。

新婚第三天，新娘子回娘家称"回门"，又称归宁。女家要隆重地做"回门酒"，新女婿是贵宾，坐上席，女方其他亲戚作陪。席间，引新郎拜见本家亲友。新娘回门要穿青色衣裳，意谓婆娘两头亲，或谓清清吉吉。旧俗新婚一个月内不空婚房，回门当天，女方不留宿，新娘与新郎须相偕返回夫家。路途遥远，不能当日返回者，多免其回门礼节。

之后，就是第二年正月，到女方内亲家做"新客呢"。送双倍的"手板"（礼物），内亲回以红包。所有亲戚走完后，女方家长要把女儿、女婿走过的内亲都请来咥"回杯"酒。至此，婚礼才算真正结束。

生　辰

　　我们这里与出生有关的习俗，主要有"会亲""秩幼""十岁生日"，以及大数逢九生日。一般以虚岁计算年龄。

　　婴儿出生后月内，须宴请做产时送过礼的亲友，称"会亲"。前文已记叙。

　　"秩幼"：婴儿出生满一年，父母给他办生日庆贺，俗称"秩幼"，也叫周岁。旧时，在客人到来之前，先请祖宗，斋佛敬神，焚香点烛，把外婆家送来的衣服、鞋子、寿面、脚镯等放在桌面上，在鞭炮声中，由母亲抱着小孩拜神佛，俗称"斋周"。礼拜后，有人会在桌面上放好算盘、纸、笔、尺、书、钱币、玩具、竹刀等，让小孩用手自己抓取其中之物，寓意小孩长大后的个性喜好，故称"抓周"。

　　生日：十岁和廿岁虽然没有庆寿的资格，但也符合中国人遇"十"举行纪念和庆祝活动的传统，民间叫"做生日"。旧时，松阳有"男不做三，女不做四"的俗规。除了有不三不四的口彩忌讳外，一个重要原因是男人三十将立未立，女人四十将老未老，是一个人生命当中"不三不四"的生活状态，做生日意义不大。

　　到五十岁开始做寿辰。民间流传过九不过十的习俗，认为"十"意味着"满"，意味着完结；认为"九"与"久"字音相谐，寓意天长地久；也有认为逢"九"这年是人生的一道关，有些老人寿诞提前到逢九之年做，叫作过九。

　　祝寿时，首先要布置寿堂，摆寿烛、挂寿幛，张灯结彩。寿堂设在堂屋，两边置寿联。寿联由女婿置办，无嫡亲的由侄女婿或外甥女婿替代。庆寿这天，做寿之人被称为寿星，穿戴一新，端坐在寿堂正中的上座，接受儿孙小辈及家人的贺拜。儿孙及家人要依辈分次序叩头行礼。然后，亲朋好友陆续随来随拜。宴席上，烧的第一道菜就是煮寿面，面条不可以切断，取长寿之意。夹面时，嘴里要说"真长、真长"。主人家备寿桃、寿面回馈亲友。寿桃一般都是用面粉或米粉做的，下圆上尖，酷似桃形。寿桃的颜色大都为红色，桃嘴上还要点上一个红点。

除生辰、寿辰外，还有阴寿，是给死了的人做生日，给死人做寿是做大十，一般是八十、九十、一百岁。给死者做阴寿较为简单，就是主家或房内亲属，送点纸香，到坟上焚烧就是了。

丧　俗

1991 年阴历八月，先父在没有任何征兆的情况下，撒手人寰，那情景还历历在目，仿佛是发生在昨天的事情。因此，想给大家介绍一下我们这里的丧俗。生老病死是人生规律，我们最终都会殊途同归，因此也就没有什么忌讳的了。

我们这里过去（2005 年前）没有实行过火化，一般年龄到了六十岁，就着手做"寿厝"，即棺材。开工之前要选日子，并给做棺材的师傅红包，竣工之日由出嫁的女儿请"落山酒"，并邀上辈陪宴。接着上油漆，通体黑色，大头写郡图、姓名，小头画龙凤；男龙女凤以示区别。之后，存放祠堂，以备后用。

老人、病人垂危之际，亲属环绕于侧，询问、聆听临终遗嘱。

人一停止呼吸，马上烧"六斤四"：即拿来一刀草纸，不用秤砣，做样给死去的人看，告诉他六斤四两很显（多的意思）的，然后拿去焚烧（过去十六两是一斤，六斤四就是一百两，意为百分之百）。据说此钱是贿赂小鬼的，好让小鬼带他的鬼魂去见阎王。因此我们这里忌讳六、四什么的。然后，给死者擦身子，女的一般由女儿媳妇擦洗，男的不讲究。接着，由长子持香烛到溪边或水井"买水"给死者净身，"前三把后四把"。擦洗身体意为，赤条条地来，干干净净地去；也是禹时"生沐死浴"之遗风。再然后，给死者穿衣服，叫更寿衣。上下衣都应单数，外面要青色，脚上布袜布鞋，头戴青色的道士帽。另外，头枕瓦片，意为入土为安；拳捏灰棕（用头发、草木灰包的粽子，据说人死后要上泰山，泰山脚下有许多犬会拦着死人上泰山，死人就把灰棕扔给犬咥。犬一咬，犬牙被头发缠绕就不再咬死人了），口衔洋钱或红包（红包里的钱为死者生前节省下来的积蓄，用后均分给儿孙，故又称"子孙钿"），布鞋外套草鞋（意为守山去了，因而，我们这里人死了多年，常常说早就守山去了），身盖女儿做的寿被（据说没有女儿做的被子，死不瞑目）。有的，适当化一下妆，让死者面带慈祥。这样，来吊唁的亲朋好友不会惧怕，只是犹如油尽灯灭之感。

过去，通信交通不便，都由亲人去通知死者的亲戚朋友，叫"报丧"。得报的人，听到噩耗，不管真情假意，都要凭空大哭几声，并要沏糖茶给报丧的人，让其喝了再走，说这样双方运气会好一些。去吊唁的人，叫"奔丧"，送草纸、蜡烛、佛香，较亲的（过去叫几服内）另加寿被。死者的女儿、媳妇，见有人来吊唁了，就要哭丧着告诉死者某某人来看你来了。来人若是女客，也会哭唱着死者生前的好事。有的婆媳、翁媳关系一向不好，现在公或婆去世了，内心暗暗高兴，但表面上不得不号啕大哭，哭得虚情假意，哭得没内涵、干瘪，人家一听就知道其假惺惺。所以我们这里有句谚语叫"媳妇吆（哭）如黄犬叫（吠）"。

落殓是算命先生根据死者的生辰八字，挑一个吉利时辰将死者装入棺材里。大孝（死者的儿子儿媳、女儿女婿、孙子孙女等下辈）身着孝服（白大褂），腰系稻草绳，头戴白帽，手捏香烛，绕着棺材左三圈、右三圈。与逝去的亲人做最后的哭别，但生者的眼泪不能掉到死者的身上，否则，生者以后很难做吃的，亦不会梦见亲人。扛棺的老司将石灰、木炭铺在棺材底部，然后将死者遗体抬进棺材里，四周用冥纸塞紧，再将寿被铺上，最后盖上棺材盖，钉上棺材钉。这就是"盖棺定论"了。随后设立孝堂，拉起帷布，供生前的亲朋好友祭奠。

设灵堂，也称孝堂。大殓（入棺）后，置灵堂，张挂白布帷于堂上，帷内停柩。帷外摆供桌置香案，设逝者木牌神位。朝夕供清酒茶饭，上香燃烛哭祭。灵堂里棺材头前也竖一片箦笂，以箦笂代替孝帷，箦笂上贴一大"奠"字，两边挂着挽联。葬前，俗有早哭和晚哭，早哭是给逝者报天光（亮）；晚哭后，不再啼哭，女眷休息。

亲友灵前吊丧，孝子磕孝头，意为老人死亡，晚辈有罪，以磕头来向亲友谢罪。遇长辈吊丧，多有行跪礼的。丧事完毕，还有向抬棺老司行跪的习俗。

大殓之后，丧家在棺柩旁边设香烛祭礼，称为（棺）材头祭。出殡前夕，逝者子女亲属以三牲祭礼在灵堂正中摆几张方桌供祭。祭礼放前摆后有一套规矩，子孙祭礼放最前面，再按长幼内外辈分为序一一排列。女性逝者须有娘家祭，凡孝子有妻子的，还要有媳妇祭，由媳妇娘家备三牲祭礼到灵堂摆祭。出殡前收祭礼，收一副祭礼，烧一叠冥纸，放一串鞭炮。旧时，用僧道在收祭前念经劝祭。道士在劝祭时，念"三摄请"的经文，三次摄请亡魂前来享受人间的祭礼。

坟墓是埋葬死人的穴和上面的坟头，大曰坟，小曰墓，常特指祖坟。松阳的坟墓形状，有如清明馃，俗称"青馃坟"。圹洞仰天用坟砖砌筑，圹外用块石或砖块垒叠，有单洞和双洞（称单圹、双圹），夫妻合墓用双圹。与松古盆地的仰天圹不同，山区因陋就简，更多是挖穴成墓，称洞圹、观音圹。民国后期，曾实行殡葬改革，在城西太保庙塔、红墙儿山和城东北操场圩、中央山等处设官产坟地。乡村也有公共坟地。无论哪种坟墓，在动工时，由长子挖第一锄。棺椁入圹前，要按子女人数放几块小石子，称"子孙卵"。另外，松阳这里早先是越族生活地，有悬棺葬习俗，普遍的观音圹就是悬棺葬的遗风。

出殡，又称出丧，指抬出棺柩的礼仪。出葬之日，亲友多先期毕至，参加送葬。出殡时间多在晨间或上午，一众孝子持桃枝、燃香和燃烧着的油纸篓，绕棺枢顺转三圈、反转三圈，号啕大哭，称为围材。行棺时，棺材背缚只活鸡，其称灵魂鸡。出殡时，以抬魂幡、放鞭炮为前导，另有人分路纸走在最前头，沿途撒纸钱、烧冥纸，以买通冥府一路关卡；也有的用两面"铛镀"铜锣代替金童玉女，在前鸣锣开道。女婿抬魂幡、挑火甄和子孙糕，走在灵枢之前，火甄不得落地，所燃香烛不得熄灭。棺枢出行，须先走一段顺水，再逆水而行一段落；然后，人抬车运奔赴坟地。

送葬路上，抬棺者停枢休息片刻时，孝子们须顶一把半张半合的纸伞下跪致孝，直到重新抬起止。路途遥远的墓地，妇女们一般送葬至郊外，待孝子转身跪谢后，先回孝堂。亲友邻人除去白帽，换上红布，返回丧家，接受素食招待，俗称咥长命饭。丧家给送葬人泡一杯糖茶，僧道洒净水。长命饭，也称"炊饭"，多素食，有一碗长命豆，一桌不限人数，随咥随散，可以露天就餐。逝者年高，邻居老老少少常会来讨咥炊饭；还有长命线、红绳子，让小孩系在手腕上，以祈"长命百岁"。一般人家会请道士在家做一夜的"法事"超度亡灵，我们称"献王"。殷实人家会"献王"三夜。

复山，也称为暖坟。入葬后第二天，子孙们披麻戴孝、手提蓝字灯笼、含着半开伞去新坟设供，烧化冥纸，谓之复山。暖坟时，孝子们拖着燃烧的稻草环绕坟墓左转三圈、右转三圈，意在为亡灵构筑围墙并送火种给亡灵。暖坟时，把逝者生前衣物置于坟前焚化，以让亡灵收执受用。暖坟以后，一些旁系亲属除孝，丧事到此便告结束。

除灵即葬后致祭。每七天祭奠一次，直到七七期满，称为祭"七"。"三七"祭奠规模较大，"四七"为女儿祭奠。祭"七"前夕，要泡"七"茶，在家中多处摆放，以便亡魂回家随处可喝。然后是五十日、百日祭。

丧后次年，春节只能贴绿纸素对，元宵不接狮子龙灯，清明新坟不踏青，要提前上坟。死后一周年、两周年，儿女持纸帛、供品到坟前祭奠，谓之"攺（周）年"和"三年"。

祭祀的时候才会记得逝者离开多长时间了，好像时间过得特别快。因此，有句熟语叫"死人逐日远"。

二、闲聊趣事

胡公亦难

今年（2007 年）以来，我每天早上 6 点半起床，简单漱洗后，便去晨练。往北走两千米，爬山一千米，便是一座寺庙，缓走五百米就到山顶。我每天先到山顶，练练气功，然后回到寺庙，此时，庙祝已给我沏上一杯浓茶。一般，坐会儿，冲一道茶后，便下来上班。

今天讲的就是这座寺庙。

寺庙供奉的是胡公大帝。1959 年 9 月底，毛主席在金华接见永康县委书记马蕴生时说："永康最出名的不是五指岩的生姜，而是方岩的胡公大帝。他不是神，不是佛，而是人。他姓胡名则，是北宋时期的一个清官。他为老百姓做了许多好事，人民纪念他，所以香火长久不衰。我们也要向他学习，为人民多做好事。"这里的寺庙利用天然的岩洞，在洞中供奉着胡则及其两夫人。岩石外，另搭一间亭，取名"石屋仙踪"。亭子的柱子上镶着一副对联：经声佛号唤回苦海梦迷人，暮鼓晨钟警醒尘寰客。

给老人家说着了。松阳这里的胡公大帝庙也是香火旺盛，平时香客不断。到了初一、十五，更是络绎不绝。香客中有本地人、有温州人、有广东人，反正来自四面八方。他们很虔诚地叩拜、点香、烧纸，嘴里念念有词地祷告着。我喝着茶，默默地看着他们祈祷。本地人还好说，外地的根本一句话也听不懂。我感慨地对庙祝说："难为大帝了，他得是个语言学家，否则听不懂那么多的方言。"

一天，两个女香客在大帝面前争吵起来，慢慢听来才知道她俩是孪生姐妹，父亲出车祸，母亲偏瘫，两姐妹为了遗产和推卸赡养老母亲的责任打官司，求大帝保佑她们打赢官司，碰巧在这里遇到了。

她们走后，我无奈地对庙祝说："胡公亦难，要么做个糊涂判官。"

歧义的代价

　　这两天（2007年11月19日至20日）应邀参加某地举办的某文化研讨会，主要是纪念汉晋时期江南叶姓始祖叶望渡江南迁一千八百一十周年，叶俭定居松阳卯山一千六百九十周年。中国的叶姓，授姓楚邑，始祖为沈诸梁，后分封河南南阳叶县，大家熟悉的"叶公好龙"，说的就是这个"叶公"。其二十二代孙叶望为避战乱，从南阳迁至江苏丹阳；又遇战火，再迁至浙江松阳。然后，其后裔分迁至江苏、福建、广东、安徽、江西、广西、台湾以及国外各地。有"叶落九州，同出一脉"之称。假如你是叶姓，那么你的祖宗很可能来自松阳。

　　我不姓叶，组委会因我对这方面感兴趣，并且我的工作与这方面有着密切的关系，故邀请我参加。

　　第一天晚上，我与世界叶氏联谊会的几个副会长一桌吃饭。大家初次见面，相互敬酒，互相谦让。酒过三巡，互递名片，报告成果。这时，组委会的主任到我们这桌，坐在我的旁边，给大家敬酒。我悄悄问他，参加这次会议的嘉宾有多少人。告知有二十来人。我说，那好，我每人赠送一部志书。主任听我一讲，很激动地站起来对大家说，某某将送给大家每人一份贵重的礼物，是一套志书，用宣纸印刷的。大家欢呼雀跃，我却蒙了。我说的是一部用普通纸印刷的、新中国成立后的一部志书。同桌的还有我国台湾、香港的客人，我不好明说，马上把主任拉到包厢外，告诉他，理会错了。他问怎么办，讲都讲出去了。我说，这一桌是级别最高的嘉宾，只有六人；宣纸印刷的赠书仅限于六人了。我们回到餐桌，主任向大家说："刚才，某某（指我），打电话回去问过了，宣纸印的留存不多，他把自己用的最后几套送给在座的各位，其他的嘉宾就送普通纸张印刷的那种。这样，你们明天晚上到我办公室来拿，也不要给其他嘉宾知道。"大家异口同声说"好"，再一次对我表示感谢。

接下来两天的活动，紧张而充实，但我心里总是有那么一点小疙瘩。

生活和工作当中，常常因为歧义，要付出很大的代价。

按部就班

今天（2007 年 11 月 23 日）早上 6 点半去晨练时，对妻子说，我今天去革命老区走访，要吃了晚饭回来，并让她到医院把我在吃的中药撮十帖来，委托医院煎好，用小塑料袋包装，好让我下个星期出门带去。我最近在喝一种抗肿瘤的中药，早、中、晚三餐饭前都先喝中药。

我们今天去走访的老区距单位一百二十多里，车子可行一百多里，还有十多里的山路要爬，白天气温高，虽然大家轻装上阵，但还是爬得大汗淋漓，湿透了衣裤，巴不得早点回家洗澡。可昨天就与老区所在的镇政府说好，吃了晚饭回来。

回来的路上，我思索着，回家后第一件事是冲个热水澡，第二件事是补喝中药，第三件事是看看电脑什么的。

回到家已是晚上 8 点多了，家里黑灯瞎火的。我知道妻子这时在快走锻炼身体，女儿表演去了。进屋开灯，只见餐桌上放着一大包中药，用手摸了摸，暖烘烘的，我把老区人民送的一袋花菇拿到厨房，然后，准备洗澡。

找了换洗的衣服，放掉太阳能里的冷水，水烫了，想到要补喝中药，于是从冰箱里拿了一包中药，放在小瓷盘里，灌上热水，就洗澡去了。洗好澡出来，喝中药，中药还是凉飕飕的。

走到餐厅，看到那包还热乎乎的中药，我才一拍脑门，怎么这么蠢，有热的不喝，拿冷的泡。

哎！我们在工作、生活当中，常常按部就班、办事程式化，对许多有利条件熟视无睹，不能利用，造成很多浪费，失去好多机会。

我的温州同事

2007 年 11 月 30 日，在杭州四天的理论学习结束。当晚，由我倡议的"红色之旅"考察团一行十四人向广西进发了。我们飞桂林，游山水；乘火车，到南宁；坐汽车，去百色；至德天，观瀑布。然后，返南宁，飞上海；12 月 6 日，抵杭州，回丽水。六七天的考察，收获颇多，我将在以后的日记中慢慢道来，这里我先说说我的温州同事。我们考察团十四人（其中两位是女性），来自金华、衢州、温州和丽水四个地区。我今天要讲的是三位温州同事中的一位。他五十来岁，中等身材，秃着脑门，四周稀稀拉拉地竖着几根短发，夹着一副眼镜，看上去也人模人样的。下面就是这位仁兄在这六七天里的所作所为。

一

我们一出桂林机场，就与当地的邓导游联系上了，这位老兄好像闻到了什么，三步并作两步，黏到导游旁边，形影不离。导游一指接机的汽车，他一甩导游，直奔汽车，抢占驾驶员后面的最佳座位。

等大家上车后，老兄发话了："我们以后就不要调换座位，都坐今天这个位子好了。"结果，后面的旅程，每次坐车，他都是第一个上车，坐在那个位子上。

二

我们出来考察，是委托旅游公司安排的，吃的是团队餐，一般都是八菜一汤，虽不怎样，也过得去。

这位同人，每次吃饭都挑服务员上菜的那个缺口的位置坐下。当初我们不解，那个位置常常会被粗心的服务员滴上菜汤的。后来明白了，因为我们吃的是旅游套餐，不比大酒店饭馆，用圆桌转盘。服务员把菜往桌上一端，转身就走。每次服务员一上菜，这位老兄就近水楼台先得月，巴啦巴啦把菜往碗里拨，不管后面的人还有没有菜，也不管对面的人夹得到夹不到菜。

三

这位仁兄对女性的殷勤是众人莫及的。无论走到哪里，离女导游最近的就是他了。我们出来的两位女同胞，他能无微不至地照顾到，我们想做点什么也帮不上忙。之后，我们从桂林坐火车到南宁。温州的另一同事，在桂林买了许多特产，什么三宝、礼包之类，大箱小包三四个，上下火车不方便，就说谁能帮我拿一个，这位仁兄就是要给女同胞拎包，不给老乡提个箱。最后，是他给女同胞拎包，女同胞给他的老乡提箱。

四

6号，我们从南宁飞往上海，上海的轻轨车站有自动投币的环保厕所。他的同乡投入一块币，"唱歌"①后出来，门一开，他就拉着门，叫老乡把他的包背一下，到出站口等他。我们在那左等不来右等不来，打他的手机，包里响起了铃声。我们让他的老乡回去找找，十多分钟后，他们来了。原来，那个厕所，投币一次，门自动控制开、关各一次。他被关在里面了，一时又没有人来"唱歌"，他手机又放在包里，只得不停地拍门。他的同乡再投一枚硬币后，才把他解救出来。

---

① 这里指"小便"。

此屋非己屋

松阳县城是个小地方，假如两个人咥了晚饭沿街散步，或许一个晚上可以碰到两三次。然而要找到某个人的住所，却与大城市相差无几，不是件容易的事。

我有一个朋友，夫妻俩都在县城工作，后来选择在城南路北安家，拿出所有的积蓄，向可借的亲戚朋友借了钱，不够的部分按揭贷款，半年工夫弄好了一幢单门独户的带有小花园的住宅。除屋内结构、装修自行设计外，外墙、围墙按规划贴上统一颜色的瓷砖，同时装上格调一致的大门，一家人搬进新屋，心里融融，只要每月按时支付规定的款项就行。

今年（2007年）秋，朋友的儿子九岁，读小学二年级，他们想培养孩子的独立性，试着让儿子自个儿走着上、下学，与儿子一说，儿子亦很乐意。

9月2日，星期一，妈妈早早为儿子准备好了中饭餐具、饭菜票，并把大门的钥匙挂在儿子的脖子上，临上学时，妈妈往儿子口袋里塞了两块钱，“晚上放学如果路太长、难走，就坐黄包车回来”。儿子应声而去。

下午放学后，儿子与小伙伴一路蹦蹦跳跳地玩回来。到家门口，用钥匙开大门。左转转不开、右转转不开，拔出钥匙看看门，怎么颜色也淡了些，不敢相信，又插入钥匙七转八扭还是开不了。心急，拍门、踢门。大门“咣咣”响，突然大狗狂吠。小孩拔出钥匙，哭着跑到城南路找了公用电话打给爸爸，带着哭腔：“怎么一天就把大门换了，害得我开不了门进不了家，家里还买了狗。”爸爸说：“没有呀！你在门外等着，我就回来。"

爸爸回到家门口，没看见儿子，左顾右盼，只见儿子正蹲在与自家隔了好几幢房子的一户人家的门外。"儿子，我们是这幢房，不是那座屋呀。"

"怎么又是那幢了哇！"儿子哭丧着。

无　奈

今天（2008 年 1 月 21 日）上午，有个中年男子到我办公室，盯着我看，问我还认不认识他。我嘴里说："怎么不认识？认识的，认识的。"一面给他沏茶、敬烟，一面在心里想，此人是谁，虽然面善，却总记不起是谁来，得想办法套点信息出来。问他怎么这么难得，来看我。他说刚从谢某某那儿来。我的心"咯噔"一下，哦，知道是谁了。他说的谢某某是位律师。

我大学毕业，边教书边兼做律师工作。1990 年，考取律师职业资格证书，前后做了近十年的律师。1996 年，被下派到乡镇挂职锻炼，开始做行政工作，按规定不能兼职做律师了。可前年秋天，有一朋友力邀我出面为其亲戚代理离婚案件，左推右脱不得，只得按规定以公民身份作为代理人，参与案件的诉讼活动。

我代理的男方是被告，就是今天来的这个人，原告亦委托了律师做代理人。案情并不复杂，男女双方经女方的胞姊介绍，认识年余结婚。女方从山区嫁到其姊所在平原村的男方，婚后生一子，时年 4 岁。断乳后，女方跟他人到温州等地打工，儿子随父亲和祖父母生活。

前年秋天，女方以男方患有精神疾病为由，诉诸法院，请判离婚。庭审中，女方诉称：男方隐瞒婚前有精神病史，并出示结婚前三四年男方的病历；婚后还常发作，且列举了男方如何把果园里的成年桃树挖起拖回房间搞无土栽培，如何背着儿子东奔西跑做牛做马等行为。原告代理律师的结论是：被告是一个精神疾病患者，且婚前故意隐瞒病史，应依法解除婚姻关系。而男方辩称：婚前读中专时因研究水果专业如痴如狂，确患过精神病，休学了一年，治愈后，完成了学业，取得毕业证书。毕业后从事种植业，替人嫁接果木赚取高工资，女方的姐姐是同村的，这些也都知道，不存在隐瞒之说。恋爱一年后结婚，婚后感情好，儿子就是证明，至于桃树之说纯系"莫须有"。现在男方不仅种植水果，嫁接苗木赚钱，还发展了大棚蔬菜。哪个精神病人会这样？女方之所以提出离婚，是因为其在外出打工时，有了外遇，借口而已。

经过法庭的调查、双方辩论，焦点问题是男方现在是否还患有精神病；若离婚，儿子随谁生活。对女方来说，若男方还有病，可以离婚，但儿子依法随女方生活，男方不仅不需支付儿子的生活、教育费用，还可以得到女方的经济扶助；若男方无病，则离婚条件不具备，达不到离婚的目的。而对男方来说，女方的意思已明。俗话说，盖鸡不孵，孵鸡不盖。离婚是早晚的事，但儿子与父亲和祖父母生活了三年，有感情，儿子又活泼可爱，男方无论如何都要取得儿子的抚育权，并要得到多一些的生活费补助。若承认自己有病，虽可得到扶助，但会失去儿子；若说自己无病，虽可得到儿子，却只能依法得到儿子的生活费补助。双方最后调解离婚，儿子随男方生活，女方尽量多地贴出生活费。

事情至此并没有结束。离婚后，男方越想越气，女方的律师说他是精神病人，有损名誉，因此他三天两头去寻那个律师的麻烦，白天到办公室，晚上赶到宿舍，弄得律师焦头烂额，只得向110求助。公安干警来了，这个当事人说："律师说我有精神病，如果是真的，我是一个无行为能力人，不需要承担任何法律责任；如果是假的，必须向我道歉，为我恢复名誉。"我曾多次劝他不要胡来，他就是不听。最近一年多，我没有听到他的什么故事。

我说你怎么又去找人家的麻烦？他说，这次是去分糖分烟的，我又结婚了。喏，这是给你的喜糖、喜烟，说着往我的办公桌上一扔，茶也不喝，转身走了。

投　案

　　这是一个真实的故事，事情就发生在我们身边。

　　城西一农民，世代种田，斗大的字不识一车，为给他面子，隐其姓名，借称张三。

　　改革开放后，凭借地理优势，张三一家改种粮为种菜，隔三岔五夫妻俩或肩挑或用人力三轮车拉一些自产的蔬菜到县城菜市场出售，日子逐渐红火，赚了点钱，盖了洋房，本人亦开始自以为是，飘飘然起来。

　　2007 年一市日，张三穿着破旧衣裳，拉了一车自种的青菜到城南菜场兜售，人多街面狭窄，迎面与一骑自行车的外地人"撞"个正着。这个外地人权且唤作李四，白脸书生模样，操着一口普通话，戴着副眼镜。二人相互致歉，你说对不起，他道无关系，显得很宽容，又熟络。李四对张三说："看你老实巴交，一天到晚卖菜也赚不了多少钱，我是做药材生意的，到你们这里来主要是找一个叫王五的老板，他住在城东'金山垄'，不知你知道与否，若晓得这个地名，带我去，我给你一百元工夫钱，比你卖菜赚的总多点的。"正说着，从张三后面冒出一个青年黄二，说："金山垄我寻的，五十元我带你去。"这时李四讲："我与张三先讲好了的，一百元工钱应让他赚，不过，你这样热心，我就多付五十元钱，我们一同到金山垄去找王五吧。"

　　于是，张三停好车，委托邻摊熟人代卖青菜，自己拿着装零钱硬币的饭盒，与黄二一起带李四去金山垄寻找王五。

　　到了大转盘西头，张三讲，转个弯就是金山垄。李四随即抽出五十元交给黄二："王五是药材老板，不愿与多人会面，你就在这里等，有事再叫你，这是工夫钱。"又对张三讲："你若有工夫带我找到王五，那么，另外加五十元，总共一百五十元作工资。"张三连声说，有工夫，有工夫。

他俩到了金山垄加油站边，见一人站在那儿，李四就直叫王老板。二人一番寒暄后，李四问"货"有否，王老板说不多了、不多了，只有最后一瓶一百颗。经过讨价还价，最后敲定每颗二十元，一瓶一共两千元。

这时，李四把张三拉到偏僻的地方，悄悄地说："这是治癌的特效药，在我们江西每颗卖到五百元还没货，一百颗就是五万元。这样好了，你带我有功劳，钱也两个人赚，我得三万，你得两万，不过，我把钱放在碧湖，你先借我两千元，买下货，我们一同到碧湖，我再给你两万两千元。要不，这是一百五十元给你的工资，我去找黄二，他还在等着。"

张三不假思索地说，我先付，我先付。于是向七姨八姑借了钱，她们问，借钱干什么，张三洋洋自得：有笔大生意好做。等张三交了钱，提了货，与李四一起坐车到碧湖。下车后，二人沿瓯江边小路走去。这时，后面赶来一名穿制服的人手里拿着一截竹枝，责令二人站住，说自己是警察，你们二人形迹可疑，要查明身份。李四全身发抖，结巴说是贩药材的，张三把货交给"警察"验证，"警察"从瓶中倒出药，却是一颗一颗黑黑的药丸，看了看，嗅了嗅，说是"鸦片"，你们要蹲大牢的。张三直说自己是不认识"鸦片"的，买卖也不知道的，只是带路，要求从轻处罚。"警察"说："看你也本分，你就回去吧，到当地派出所自己去投案，争取宽大处理。至于李四，犯的是大案，要交丽水市公安局处理。"于是"警察"拿了十元钱给张三，让他坐车先回去，自己却押着李四走了。

张三回到家后，既害怕，又不敢张扬，经过一番思想斗争，最后，还是决定到派出所投案。

接待的警察听了张三的陈述，简要地做了记录后说："同志，你可以回家了，有线索，我们再与你联系，你是被一伙人合谋骗了，我们这里已发生类似被骗案件多起。"

【俗话说：天上不会掉馅饼。你想人家木耳哇的时候，人家早就给你设置了诸多陷阱。后来还有许多高息借贷，你想人家的利息的时候，人家已想你的本金了。】

征 地

改革开放后，基层工作最难做的，一个是要钱（农业税、代金），一个是计划生育；进入 21 世纪，特别是取消农业税、全面放开二孩后，最难做的是征地、拆迁工作。说到征地，我是老运动员了，个中酸甜苦辣全领略。记得 2002 年冬建设龙（游）丽（水）高速公路（当时还为一级公路），我带着一个工作组去征用土地，与农民兄弟相处了两个多月，最终圆满完成了征地工作。近二十年过去了，可发生在农民兄弟身上的许多趣事，至今还历历在目，不能忘怀。

大小树

某日，到村民甲的山地调查登记"青苗"。甲村民种植的是杨梅，其中一蓬有四根树枝，甲村民硬说这里种了四棵杨梅，要以四棵计算。待补贴政策出台后，甲村民又跑到我们工作组说："我那里四棵苗木是不对的，是一棵十多年的大树，截了以后长出的四个蘖。"原来，按政策，一棵成年的杨梅比四棵幼苗补贴得要多。

卷皮尺

某日，在某村丈量土地，有一片有凹陷的长方形的田，我们先量长方形，然后减去凹陷梯形，得出该块土地的面积。在量梯形底边的时候，工作人员对长度怎么也不相信，其长度与长方形的长边相近。我顺着皮尺一直追下去，原来村民乙卷了一大截皮尺踩在脚底下。众村民见状，怒吼："脱壳（傻瓜）！这里的面积是要减去的唻。"乙村民喃喃地道："我总以为皮尺长了，面积就会多起来。"

水旱田

某日，给村民丙登记自留地的土地性质和青苗。现状是晚稻刚收割不久，稻茬还很新鲜，但田里已抢种上枇杷苗。我们把他的自留地登记为耕地，苗木没有计算。丙村民不肯，说枇杷是去年种下的，要算青苗。我们问，枇杷可以与水稻种在一起吗？既然你要算青苗，那么，你的自留地就做旱地处理。丙村民沉思半晌后道"那就还作耕地吧"。

插树枝

某日，到村民丁的责任田里登记青苗，田里种的是豌豆。我们登记好豌豆就到下家了。丁村民拉着我们的工作人员说："我这里是板栗套种豌豆，板栗是去年种植的呢。"我们没有理他，丁村民一定要我们给他算板栗树的棵数。一工作人员走过去连拔十余棵板栗苗，全没有根。其实我们前几天就摸清情况，他插的是板栗树枝。丁村民红着脸说："我是用来当豌豆扦的。"

精神的力量

今天（2008年2月19日）我和一同事到联系村去慰问贫困群众。由于自从去年腊月初五开始，这个村就冰雪封山，接着高压线路被压断、通信设施受损、自来水管冻裂、道路结冰封闭。廿六、廿八，我们去了两趟，都被大雪和冰冻阻隔，无功而返。昨天，我们得知公路可以勉强通车，就决定前去慰问老区的困难群众了。

1935年5月，刘英、粟裕率领中国工农红军挺进师以白岩、安岱后、斗潭为据点开辟浙西南革命根据地。挺进师深入发动群众，宣传党的纲领和红军政策，开展了轰轰烈烈的土地革命和武装斗争。在全国革命处于低潮的时候，浙西南地区掀起了局部的革命高潮。挺进师和老百姓在艰苦卓绝的环境中坚持斗争，并坚信共产党必将取得最后的胜利。

同去的还有一个七十五岁的老太太。老人家精神矍铄，眼明耳聪。她说新中国成立初期，自己积极参加打土豪分田地等运动，因没有文化最终还是窝在山区。由于平时不怎么坐车，所以会晕车。我便把放在车里的瓶装口香糖拿了一颗给她，告诉老太太是晕车药。她把糖含在嘴里。车开到一半路程，老太太又要了一颗。一个半小时，我们走了六十五千米，到达联系村。一下车，老太太说话了："哎，老师傅的晕车药就是灵，我以往坐车都晕车，今天坐得最舒服了，一点也不晕。"

这次雪灾给老区人民造成严重损失。山上的树木、毛竹拦腰折断，电力、通信、交通、水管损坏殆尽。屋顶瓦片冻裂漏水，不能居住，但老区人民有着乐观奋进、人定胜天、战胜困难的精神。虽然我们送去的仅仅是杯水车薪。

回来的时候，老太太还是靠两颗"晕车药"兴致不减地坐完了六十五千米的路程。下车时，不免又夸我的"晕车药"好。

其实，我给老太太吃的是女儿买给我的瓶装无糖口香糖。老太太把它当作晕车药，因着心理作用，支撑着老太太不晕车。更主要的是，平时我开车到安岱后只要一个小时，而今天我开了一个半小时。

有时精神的力量是无穷的。

换了手机

今天（2008年6月7日），老婆给我买的手机到了，不免欣喜。

20世纪80年代，人们常说的一句话是"现在是信息时代……"，当初没有怎么理会。

20世纪90年代初，家中安装了电话，那时虽花了两千多元，也觉得乐滋滋的；1995年，狠心掏了两千零八元买了中文传呼机，挂在腰间，也神气了一阵子；翌年，又使用上五千多元的"二哥大"。但那时已有了"大哥大"，每台在一万五千元以上，只有老板才能买得起。我心想，一定要买部手机，拿着"二哥大"很是没面子。

两年后，终于鸟枪换炮，买了第一部摩托罗拉牌的翻盖手机，天蓝色的机壳，轻巧美观，爱不释手，人前人后看看时间、打打电话，显摆显摆。用了两三年，没了新鲜感，电池快报废了，嚷着要换手机。老婆说，那买个国产的试试？我说好的，于是有了TCL手机。电子产品更新换代得快，TCL功能比以前的摩托罗拉齐全得多，因此，也新奇了一阵子，把玩了好一会。可这个机子是银白色的外壳，又是厚厚的，年把时间，就抱怨手机不好使，怪老婆建议我买这种手机，老婆说再用用吧。没办法，她是"财政大臣"，我不能为了手机而不愉快。大前年的一个晚上，我很高兴地回到家，告诉老婆，在饭店吃饭后把手机落在饭店，等返回时已经被人捡去了，并已向公安机关报了案。老婆说丢了才合你的心愿。过不了几天，老婆说还是先买个手机吧。我心中窃喜，就等她催我买了。当时流行手写输入，因此，所选的手机首先要带手写功能，于是穿梭大小手机店，最后看中了NEC手机。机型美观，手感舒服，功能齐全，甚合我意。虽然没有前两部拥有时的那种新鲜感，但还是心情舒畅了一段时间。可从去年下半年开始，这部手机的服务期也到了，常常会中断通话，电池也只能用三四天，更主要的是现在新款手机很多，因此又把"换手机"挂在嘴边。老婆说要节约一点，明年新房子要装修，得几十万，买手机就此搁浅。过了年，我的手机更不好使了，我要老婆把买手机的事摆上议事日程，自己有空就到淘宝网搜索中意的手机。

上个星期，我看到一款手机，眼睛一亮，心里"咯噔"一下，就是它了。这是一款智能的电脑手机，三点五寸大屏幕，有 GPS 卫星导航系统，电子狗，可以上网，有可视 QQ，功能很多，并且是滑屏的。但怎么操作购买，我弄不来，最后还是老婆给我办了手续，付了款。

老婆说，看我的得意样，换手机如同换老婆一样高兴。

我说，老婆没有换过，不知其味；手机虽换过多次，但这款最满意。

老婆说，用不了多长时间，你又不喜欢了；你们男人，都是喜新厌旧的。

我嘿嘿无言。

三、外地印象

难忘站街

　　1987 年 7 月，我大学中文专业毕业，同时，参加的司法部"律师函授中心"一同毕业。被分配到一个离县城三十千米的山区中学任语文老师；同时，在县里的律师事务所做兼职律师工作。这个时候，学校有个老师在开校办工厂，慢慢熟络后，他鼓动我一起办企业。当时学校鼓励勤工俭学，我经不起诱惑，答应一同办煤矸石粉厂，利用当地的原料，加工成粉末，卖给温州乐清等地做象棋的企业。我们从各种报纸上看到河南站街生产粉碎机的广告，决定到那购买"高速风吸粉碎机"。当时我虽然才二十出头，但兼做律师工作，各地都跑过，见过一点世面，因此，决定由我去购买机器。

　　1989 年，阴历正月初八一过，我一个人拿着简单的行李，先乘汽车，到上海转火车，第三天上午到了河南的省会郑州。出了郑州火车站，到处是铺天盖地的粉碎机广告，我按报纸广告的地址，找到了站街某机械厂设在郑州的办事处。有个四十来岁姓杨的男子，自称是分管销售的副厂长，还有两个彪形大汉，是业务员。我说明来意后，他们热情地又是敬烟、又是敬茶，告诉我，他们的企业如何如何好，产品怎么怎么物美价廉，产品现成的有货，放在站街的仓库里。中午时分，四人一起到一个小店炒了三四个小菜，我要了一碗米饭，他们每人称了两斤的干饺，我们边吃边聊。可吃过后，他们就是不去买单，我只好去付钱。这给我的印象很差，个个长得一米八，却这点饭钱也不付，我又想这也许是他们的习惯罢了，不再去计较。

　　下午，我们坐火车，钻了几个山洞，两个小时左右时间就到了站街。虽处在中原大地，地势却不怎么平坦，姓杨的把我带到他的厂子里，在围墙内，他指着一台粉碎机对我说："这台就是你想要的型号，谈得成，这台就给你。"我围着机器转了一圈，心想有货就好，业务谈成后，可以早点回家。经过讨价还价，最后定下来八千二百元，浙江义乌交货，我方先交押金三千五百元，款到发货，货到义乌后，付清余款，双方签订了合同。那时，通信条件不便，我到邮局给大哥打电话，并让他按我给的电报内容邮三千五百元给这个厂。我自己就找了一家旅馆住下来，想等两三天款到后，就可以跟货一起回家。

第二天，没什么事，转到该厂看看，只见工人在装那台机器，问工人怎么回事，都说不知道。找到姓杨的，他说你的货款一下子到不了，这台先给湖北人，不要一星期，就可以生产出来另外一台机器了。我责问，你们怎么可以这样不讲信用。他借故走开。我看他们有诈，马上回到邮局，打电话给大哥，叫他不要汇款。大哥说款已汇出，而且是八千五百元。我说不是叫你汇三千五百元，怎么汇八千五百元了。大哥答，你电报就是叫汇八千五百元的。我怵了，怎么会这样？赶到邮局，请把我昨天发给大哥的电报底稿给我核实。工作人员推脱再三，最后很不情愿地把底稿给我。我接过来一看，他们把三改成了八。工作人员不承认改电文的事，硬说原稿就这样。我愤愤不平，一个有文化、懂法律、见过世面的浙江人，却栽在住在山洞里的站街人手里。心不甘，又没办法，举目无亲，只能退一步，请求厂家给我快点加工机器。一等就是一个月。其间，吃大饼、咬大葱。去了杜甫草堂，知道这里是他的故乡，可是他的故乡人却损坏了他的形象。去了洛阳黄河大泛区，也去了嵩山少林寺。可不管景色怎么美，心里就是不痛快，看什么都不是滋味。在那儿，结识了许多外省到这里买机器，又受骗上当的朋友。当地老百姓也有同情我们的。

到了二月初十，机器总算做出来了。他们又悔约，让我自己找车运回去。又花了两千一百元，叫了车，装了机器直接运回家。心里只想快快离开这伤心之地。

机器安装后，从调试开始，没有一天正常过，不是轴承坏了，就是齿轮断了。

后来，我打电话、写信给姓杨的，他或回避或置之不理。

1989 年 6 月之后，国家紧缩银根，我们的厂子也夭折了。那年，我亏了一万多元，最后，是妹妹、妹夫家给我买的单。

事情已经过去三十多年了，可我在站街吃的苦头，还历历在目。

难忘站街！

桂林山水之外的风景

  我生长在山清水秀的浙南桃花源，对山水的美很是麻木，不过，黄山的隽秀，三清山的雄壮，瑶琳的仙境，新疆、甘肃戈壁滩的壮观，给我的印象还是蛮深刻的。2007 年 11 月，重游桂林，虽是枯水期，山水只剩一半风景，然而独特的喀斯特地貌，确实有其独特的优势。无论是漓江阳朔段的山，还是大榕树；无论是桂林的象征象鼻山，还是银子洞，都是甲天下的。不管在哪个地方，看过去都像一幅巨大的风景油画，人亦仿佛在画中。

  在这我要说的是山水以外的风景。

  桂林城不大，只有东西一条街，南北两个洞。我们入住的是桂林市中心较繁华地段的宾馆。11 月 30 日晚 11 时许，我们才到达宾馆门前，一下汽车，立即围过来七八个男女，年龄在二十至四十岁之间。他们拉着我们的人就问："老板，看表演不？老板，洗澡不？"我们住宾馆要紧，没有怎么搭理他们。他们就说，老板，快点下来。

  我出门有个习惯，每到一个地方，都要到标志性的地方走走，或叫辆出租车，到各主要的街道、具有特色的建筑物前转转。同时，要尝尝当地的风味小吃。因而，草草洗把脸，约上三个要好的朋友，下楼去了。我们尚未出门，又涌上来好多男男女女。我们告诉他们，我们只是出来吃点夜宵。他们却软磨硬泡，跟着你动员你去看表演或去洗澡。走出宾馆十来步，又围过来一拨人。我们看到"东西一条街"的两旁，三三五五站着许多这样的人，怕难缠，打道回府。在繁华的霓虹灯下，站着许多穿着破旧衣服拉生意的男女，又是桂林的一道风景。

第二天，我们去阳朔，因为漓江的水少得可怜，只能勉强一条游船单行通过。我们坐的游船返回时，由于前面有艘船搁浅了，开不了，等了一个多小时，还是纹丝不动，我们决定步行回来。走了里许，有竹排，说每人八块钱，回码头。而我的那个温州同事，说这么近，走几步就到，故约了个老乡走路去了。坐船的到了码头，船夫却每人要收十块。不久，步行的也到了，他们说，坐了下渡船，必须买步行门票，被收了十六元钱。

走进百色

走进百色，看看张云逸、邓小平起义的地方，一直是我的心愿。过去苦于没机会，单独去又路途遥远，未能成行，甚憾。因此，2007 年 12 月的红色之旅，我建议把到北海的时间用到百色上，其他成员也没什么意见，这样，方才成行。

12 月 2 日，我们从南宁出发，先上高速，后走国道。早上 7 点开始坐车直到下午 1 点才到达百色，总共在车上坐了五个多小时。

从南宁到百色，沿途多是低山缓坡，其上种植香蕉、芭蕉、甘蔗之类的，一派南国风光。经田东、田阳，大家发现一个现象：在田里劳作的大多是妇女，有的挑粪桶在施肥，有的背着喷雾器在治虫。车上的女同胞就为她们鸣不平，叫屈。导游解释说："这里的习俗就是这样，男的在家喝酒；女的在外做牛做马。若男的整天在田里干活，反倒被人看不起。"在田东、田阳县城，看到的也是女的拿着铁锹拨土，拿砖刀做泥水。这与我们那个地区的畲族风俗差不多，妇女更勤劳，更辛苦。

到了百色后，我们住在东郊百色起义纪念馆旁的一个"三星"级宾馆，午饭后稍事休息，3 点，就去参观纪念馆。纪念馆建造得很宏伟。广场上立着邓小平同志佩枪的铜像。馆内三层建筑，用高科技声、像、图介绍着百色乃至左右江地区共产党领导人民在百色开展新民主主义革命的场景，还有小平同志的生平、他对百色的关怀等资料。之后，我们瞻仰了隔壁的革命烈士纪念碑；又到红七军军部旧址，缅怀革命先烈的丰功伟绩。两个小时走完红色之旅。看看时间尚早，建议驾驶员载着我们到百色城的主要街道转转。百色近几年城市发展很快，街道宽敞，布局合理，特别是江滨路，建设得非常漂亮，主街道两旁是豪华的芭蕉灯，甚是气派。

晚饭后，我又约了三个朋友，打的到城区走走大街，逛逛土特产市场，感觉百色与我们那儿没什么差别，晚上9点不到又打的回宾馆。10点钟，我约同房间的衢州朋友一道去吃小吃，炒了四个小菜，朋友喝啤酒，我喝带去的红酒。这时来了七八个十五六岁的小青年，其中两个女的，每人要了一棵玉米，边在火盘上烤着。近12点，他们离去。我问老板，这是群什么人？老板告诉我们，他们是这附近的大学生。

我们停箸无言。

古龙山的"领"导

　　这次红色旅游广西之行，我们在最后一天去了古龙山峡谷，体验了"漂流"的滋味，观赏了德天的跨国瀑布，领略了明仕的田园风光。

　　独特的喀斯特地貌，使得广西处处风景秀丽。如果单独圈定某个地方将其缩小，那绝对是极佳的盆景。12月4日，我们一早从百色出发，经田阳、田东、德保，一路颠簸，一路说笑，一路赞美风景，一路欣赏南国风光，四个小时的车程不知不觉就过去了。中午12点前，我们到达古龙山下，草草吃了点团队餐，兴冲冲地跟随姓林的当地导游去漂流。我们称她为"领"导。到漂流的地方有两千五百米山路要走，"领"导一路给我们介绍当地动植物的情况。

　　"领"导，二十来岁，中等身材，眼窝深邃，皮肤黧黑，脸上点缀着几颗青春痘，一身壮族姑娘装束，某旅游学校刚毕业，说话腼腆，看上去纯真朴实。一般客导之间天生有矛盾，而对"领"导，我们与她相当友好，大家争着要认她为干女儿。只有我的一个同事，硬拉着"领"导合影，我们逼他付小费，她却低着头轻声说"不要、不要"，好像青梅，涩涩的。

　　我们到漂流的上（橡皮）筏处，管理人员交代我们两人一只船，导游单独一船。我们十四个人，有个同事个大体重，需一人一船，这样，我在后面就轮单了，也独自一筏。由于是枯水期，水量很少，水流缓慢，全靠船工划筏才能"流"去，因我一人，船工很快赶上在中间位置的"领"导，我干脆躺在橡皮筏上，优哉游哉地一面听着导游的解说，一面欣赏着两岸的景色。

　　峡谷奇就奇在要过三个溶洞，每过一个溶洞，犹如经历了一天一夜，故称"三天三夜"。三个溶洞从上游到下游长度不断增长。在溶洞里面，水更加舒缓，船工轻划着筏，我们用电瓶灯照着千姿百态的钟乳石，领略着大自然的鬼斧神工。"领"导突然用壮语唱起山歌，我们虽听不懂歌词，可歌声在溶洞里萦绕、激荡，似旷古之韵，使人听了有一种说不出的舒泰。

　　七八千米的峡谷，我们漂漂停停，用了两个小时的时间，过了"三天三夜"。虽不甚刺激、惊险，然而沿途的美景数不胜收，"领"导的歌声绕梁三月。

上海的摄影师

2007 年 12 月 6 日，我们一行十四人，结束了六天的广西红色旅游，从南宁飞往上海，到达上海时是下午 2 点许。事先，大家对如何回去都做了安排，我也准备马上乘汽车回丽水。因为上海我已来过多次，去年连崇明岛也转了两天，可我一个要好的朋友邀我陪他在上海住一夜。他说上海还是 1999 年来的上海，现在变化肯定很大，一个人留上海有点孤单。而且他单位的一个退休老同志跟随儿子在上海，已经到机场来接他了；这个老同志也是我以前的酒友，我俩关系很好，知道我到上海了，一定要我到他儿子家玩玩，说菜没有，只有五粮液。我告诉他我已不喝白酒，最多喝点葡萄酒。他说喝什么酒都行。盛情难却，我陪好友跟随老同志坐他儿子的车，到他儿子家里，其他的同事分头或坐火车或乘汽车回家去了。

老同志刚退休不久，可身体不怎么好，以前和我很投缘，都是酒鬼。现在家人管得严，不许他多喝，这天晚上，他借家乡的客人来了，真的开了瓶五粮液，又特地买了瓶葡萄酒给我喝。三两酒下肚，话就多了，醉态初现，开始手舞足蹈，争着给自己倒酒。我们怕他控制不住，就早点收场。我们说到外滩走走，他一定要带我们去，可他自己走路已不稳，争执了好一会儿，才把他劝住。

我们先坐地铁，从莘庄到人民广场，然后逛南京路的步行街，再到外滩。东方明珠、金贸大厦、外滩的欧式建筑、黄浦江上的游船，在霓虹灯的衬托和照耀下，显得分外神秘和妖娆。好友掏出照相机不断地取景，不断地拍照。由于照相机不是很高级，加上我的摄影水平有限。他对所拍的照片都不满意。在南京路通往外滩地下通道的出口处（在外滩上，东方明珠的正对面），有一个摄影营业点，好友想请营业点的摄影师给他拍一张以东方明珠为背景的照片。双方约定一张八元钱，五分钟内取照片。摄影师人高马大、满脸横肉，四十七八岁光景，戴着顶帽子，穿着多袋的马甲，对着好友"啪、啪、啪"按了三张，又叫他转身背对欧式风格的建筑再拍两张。好友说，只拍一张。那拍照片的人说，我已给你拍了三张，五张一组的，再拍两张就行了。好友说，不拍了。那人说不行，不拍也要交三十元钱，且要三十分钟后方可取照片。这时，有个小姑娘来取照片，说等了一个多小时还没有，要退钱，拍照的不退，发生了争执。我们怕回宾馆的时间来不及，问取照片要等多长，他说现在最少一个小时，我们说他不讲信用，不要他洗照片，他不肯。

好友劝我算了，拉我走开了。

明仕风光

2007 年 12 月 4 日，是广西之行的最后一天，我们在古龙山大峡谷漂流之后，余兴未减，乘车两个多小时赶到德天跨国瀑布，大家远距离地看了看，因是枯水期，觉得远不如去年去过的陕西壶口瀑布来得壮观，没啥看头。有人提议还是趁早到最后一个景点明仕的好，大家附和，于是就调转车头，又坐了一个多小时的车，近晚上 6 点到达明仕。

我虽然生长在浙江的绿谷、浙西南的桃花源，也经常听到杭州、上海等大城市的人，对我们的山水赞不绝口，说是天然的氧吧，很是羡慕，可到了明仕后，我真的为其田园风光所折服。明仕是个山间盆地，周围低山环绕，中间一条河流，两边是冲积平原。河流的水不大，但很清，流淌平稳，几只鸭子不避人，在人前人后自由游耍，成群的鱼儿追逐着、跳跃着；平原上种植着甘蔗、水稻，人们三三两两不紧不慢地各自干着活儿；牛群遍布田野，优哉游哉地吃着草儿，一派自给自足的农耕社会的景象。四周是喀斯特地貌，据撑排的师傅介绍，某版人民币的背景就选自这里的风光，师傅还用半生不熟的普通话向我们介绍，那里是八骏马，那里是人面狮身像。我们坐在竹排的竹椅上，慢慢地游弋，"你什么都可以想，也什么都可以不想"。这里没有城市的喧嚣，没有尔虞我诈的竞争，没有多重性格的虚伪，没有一切为了钱的铜臭。时间仿佛后退了几百年，整个环境非常祥和与静谧，置身其中犹如身处空气净化器净化过的空气里，过滤你的灵魂，陶冶你的情操。两三千米的水程，我都陶醉在田园风光当中，忘记拍照。

舟山之行

我还是1997年去的宁波、舟山。这次（2008年3月27日—30日）舟山之行，可以用收获颇丰、舟车劳顿、尝够海鲜、肆意喝酒来概括。

四天的行程，有两天是在车上和船上度过的。我们这里离舟山不到四百千米，且过去的路绝大多数是高速公路，平常最多开四个小时的车就到，但宁波与舟山之间的跨海大桥，尚在兴建，需要转渡船，耽搁了些时间，加上吃中饭，用了近八个小时才到达目的地。还好，我没有自己开车，苦的是三个专职驾驶员。同去的几个女同胞，晕车晕船，苦不堪言。

28号参加舟山方面有关"抗损"课题调研工作现场会。会上，我们知道了舟山的同志走在我们的前面，他们查阅了大量的档案材料；走访了许多七十五岁以上的老人，取得第一手口碑资料；撰写了调查报告和专题材料。他们的观点正确，证据翔实，证明准确，有力地揭露了日本帝国主义在舟山犯下的滔天罪行。经过学习、观摩、探讨、交流，我们收获不少。

29号，我们冒雨游历了普陀山。这里是佛教圣地，到处建有寺庙、禅院、庵堂。虽然下着雨，可善男信女如潮前来朝拜、进香，对着观音菩萨虔诚跪拜，场景令人感动。去的时候我们坐快艇，而回来的时候因为烟雾以致快艇停开，几千人等候轮船来接应，场景也很壮观。

我们这次活动得到宁波、舟山方面的大力支持，受到了他们的盛情接待。我们处在浙西南的山区，他们位于浙东沿海或岛屿上，真的是"山海协助"。第一天的中餐是宁波的同事招待的，全是海鲜，因还要赶路，宾主只象征性地举举杯，意思意思而已。从晚餐开始，餐餐都特别丰盛，舟山的、定海的同事轮番做东，什么黄鱼的姐姐、鲳鱼的哥哥、比目鱼、虾姑……尝了个遍。特别是昨天的晚餐，我们从普陀山下来，舟山的朋友把我们带到沈家门的大排档，临街面海，一溜五里长的海鲜夜排档，现杀现烧现吃，忒有风味，使人难以忘怀。每个到舟山来的客人，大多要吃一餐夜排档，才不枉此行。

　　这四天的舟山之行，苦并乐着。

下龙湾的景色

2007 年底，我第二次来桂林，但与第一次已时隔十余年，又有了新鲜感，可惜漓江水少，再加上无度的开发、无序的竞争，没有留下多少美好的回忆。

2008 年 4 月中旬，丰水期间，我第三次来到桂林，惊喜地发现，桂林山水确实甲天下。独特的喀斯特地貌使得山山有形，山山有洞，洞洞称奇，在这春意盎然的季节，坐在游轮上，慢慢地品着红酒，欣赏着漓江两岸的景色，非常惬意。暗自为这次桂林之行而庆幸，不虚此行。

之后，我们从北海出关，乘"公主号"邮轮南下到下龙湾、河内等地参观，却被下龙湾的美景震惊了。

下龙湾位于越南东北部，北海的西面，越南人称之为"水上桂林"。是与桂林相同的山，却置身于海里，也是独特的喀斯特地貌，在地壳运动中从海底凸起，变成一座座岛屿。岛屿的四周是湛蓝的海水。游船在岛屿间游弋，海风拂面，海水不惊，微波荡漾。在天堂岛，躺在海水上任意漂浮，说不出的心旷神怡。我走遍了祖国的山山水水，从最北黑龙江的北极村到最南面海南岛的天涯海角；从东海之滨的舟山群岛到新疆的喀什，之前，我认为桂林的山水是最美的，其次是九寨沟，再就是从飞机上俯瞰的新疆天山的雪景。而这次越南之行，撇开国界和爱国因素不说，平心而论，下龙湾的景色与桂林相比有过之而无不及，它四大旅游要素都具备，而桂林缺少了沙滩、海浪。

同去的朋友们在赞叹下龙湾的美景的同时，都在思考着同样的一个问题，我们该怎样搞旅游，怎么利用自己的独特资源？

百山祖之行

应庆元方的邀请，2008年6月18日，我参加了庆元"抗损"课题调研工作成果的验收，并参观了大济进士村等地方。

庆元位于浙江的西南部，与福建毗邻。因山高水长、交通不便、经济欠发达，被誉为"浙江的西藏"。但庆元是全国著名的香菇之乡，香菇祖师爷——吴三公，就出生在庆元的龙岩；是廊桥之乡，五大堡的兰溪桥最为雄伟；是全国森林覆盖率最高的一个县，称作生态第一县。

19日，我们一行数人，吃过早饭后，驱车沿1935年红军挺进师从闽入浙的线路前行，庆元有关方面的领导不时下车给我们介绍当年挺进师行军路线及与国民党浙闽保安团、当地地主武装"大刀会"遭遇的地点。

百山祖，顾名思义，百山之始祖，是闽江、瓯江之源也。我过去虽来过庆元几趟，但都没有爬过百山祖，没有登上这座江浙第二高峰，况且这里有国家一级保护植物——冷杉，早就想要爬百山祖看冷杉，今天到了山脚，不去看看心有不甘，于是约了两位同事，向百山祖进发。我开着车爬行在蜿蜒的山间小道上，约二十分钟，到了管理处，停车开始步行。

这里都是原始次生林，树高丛生，人完全隐没在森林之中。进山的路，已用岩石砌筑，且坡度不是很陡，我们穿着皮鞋上山也没有什么困难。刚才在停车场，还是多云天气，气温也较高；可进入林子后，树林飘着雾纱，气温也明显低得多。路旁的山谷小涧，因前几天下过大雨而水量丰富，隔不远就形成一个小瀑布，水流声、冲击声震天。我们最初看到最多的是柳杉，笔直高大；之后看到的是青冈，曲折苍劲；"猴头"杜鹃花期刚过，散落一地的花瓣。有一种"赤膊"树，全身像人的肌肤，看不见树皮，三三两两点缀在小青冈之中，很是醒目。这里山高鸟飞绝，只有在离山涧较远的地方，才能闻见虫鸣，整座山十分地静谧，空气也格外清新，是天然的氧吧。四十分钟后，天渐渐地亮起来，树渐渐疏起来，水声渐渐小了去，我们知道快爬到山顶了。越过丛林，绕过灌木，再爬三百米，登上峰顶。此时山风大作，四周云雾排山倒海。我拿出手机，用卫星定位测得其地海拔为一千八百六十三米。下山的时候，因路滑，比上山难走，只好慢慢挪动。在冷杉观赏处，近距离观察了它的真面目。回到乡政府，刚好 12 点，我破了近年来一餐吃完两碗饭的纪录。

饭后，我们依旧在崎岖的高山上行驶。庆元的山确实都有森林覆盖着，特别是常绿阔叶林，雨后青翠欲滴，极为养眼。云雾飘来，我们似乎在半空的仙境之中。一个小时后，我们到了另外一个我以前想来而没来的地方——斋郎。当年，刘英、粟裕率领五百余挺进师将士在这里，阻击了国民党闽浙两个保安团和地主武装两千多人，毙敌三百人，捕获二百余人，取得了挺进师入浙以后的第一次大捷。我们瞻仰了纪念碑、怀念亭，参观了展厅。两点后，我们进入江浙第一高峰——凤阳山，挺进青瓷和宝剑的故乡——龙泉。

开车、爬山、参观……虽吃力了点，但实现了多年来的愿望，还是蛮高兴的。

征服江浙之巅

由于领导的重视、业务部门的认真负责，龙泉的"抗损"课题调研工作成果顺利通过验收，并于 2008 年 7 月 16 日下午结束会议。毛主任热情，安排与会的人员于 17 日考察凤阳山。

凤阳山位于龙泉东南方向，距城里五十千米，在闽、浙、赣三省交界的地方。我们一行十八人，分乘五辆车，爬坡一个小时，到达宋城集团开发的景区管理处。

我以前来过这里，也走过这里的一些地方，可这次毛主任说带我们考察江浙第一高峰——黄茅尖。我们欣然赞同，这也是我所期望的，好了却夙愿。

9 点半，我们正式向黄茅尖进发。出发地海拔虽然也有一千五百多米，可江南的七月，真是闷热，稍走几步就汗流浃背。但一进入林区，气温遽降，凉爽宜人。龙泉凤阳山和庆元的百山祖都是国家级森林保护区，树木参天，遮天蔽日；树种繁多，树龄百千；枝藤纵横，虫鸟争鸣。走了五分之一的路程，我用手机 GPS 定位，测得当时所在地海拔一千六百多米。有两位年龄大一点的同事，便打退堂鼓，坐在路旁，说不爬了，等我们下来。我们继续前行，有说有笑，不感觉半点吃力。更有甚者，背着双手，优哉游哉，胜似闲庭信步。走到一半的路程，要过山中小涧，涧水涓涓细流，清澈见底，我脱了鞋袜，伸脚试水，有种刺骨的冰凉感。我干脆把鞋放在路边，赤脚上山。我二十岁前，经常上山砍柴，一百多斤的柴火也能挑回来；下地干活，有时也是赤脚挑担的。最近二十几年，没有干过重体力活，也没有赤脚走过路。还好，得益于每天晨练爬山，加上上山的路是用岩石条砌成的，因此，爬起阶梯来，不觉得冰人。过往的游客，投来羡慕的眼光。在不知不觉中，我们走出树林，进入茅草地。毛主任介绍，到了冬天，茅草枯黄，因此，这里叫黄茅尖。

真是一山有四季，十里不同天。进入茅草地时，海拔已经一千八百五十多米了。湛蓝的天、洁白的云，虽炎日当空，但这里远离城市的喧嚣、远离工业污染，给人洁净、明快的享受。再拾级三百米，我登上了黄茅尖最高处，见到竖着"江浙第一高峰"的石碑，身处海拔一千九百二十四米的高处。

站在峰顶，瞭望四周，没有"一览众山小"的感觉，倒有"这山望着那山高"的想法，分辨哪个方向是江西、哪个方向是福建。在黄茅尖的南侧，是瓯江、闽江之源头。

凤阳山与浙西南的其他高山没有什么不同，所不同的是它的高度。爬上黄茅尖，等于登上浙江、江苏、上海两省一市的最高峰，心里得到满足。

凤阳山的黄茅尖是值得一上的。

最美乡村

2008 年 8 月 27 日至 29 日,我们在中国摄影基地——寨头岭休闲山庄,召开组织史资料的评审会议。寨头岭位于松阳城北十五千米的山顶上,翻过这座山,就是武义的竹客了。山庄是由原来的乡中学改建过来的。业主阿毛是我的小学同学,现在是中国摄影家协会会员,当地摄影家协会主席,他的作品曾获国际、国家大奖。山庄开办以来,吸引了许多摄影家和摄影爱好者前来创作、采风。因海拔高,夏天气温凉爽。这里可以远眺县城,又远离城市的喧嚣;四周是翠绿欲滴的毛竹林和漫山遍野的杉松树林,没有任何污染,空气极为清新,静下心来,可以荡涤铅华。我们就是在这样的环境中,对松阳、庆元、龙泉三个县市的组织史资料进行评审。

我还是老习惯,早上 6 点就起床晨练。昨天,下着毛毛细雨,更有种山区秋来早的味道。约了个老专家,徒步到一个叫庄后的山村走了走。村口有一根硕大的柳杉,整个村庄分布在一个山坳里。在村中只碰见三五个老者,年轻人都外出打工,孩子或进城或寄宿学校,村子显得破败,缺乏生气,许多庭院长满了野草。询问得知,这里曾经是乡政府所在地,想当年也热闹过,那些都成为历史了。我们商定,今天去看看号称中国最美丽的山村——西坑。

今天天气放晴,我开着车,载着两个老专家,往回开了两千米,再往右手边康庄路一拐,只一千米就到了西坑。村庄坐落在一个小山包上,泥墙青瓦房错落有致地分布着。村口的停车场用鹅卵石铺就,别有风味。村西是一片名木古树,有枫香、南方红豆杉、柳杉、苦槠等树种。或独立挺拔,只争向上;或旁逸斜出,曲折遒劲;一树一姿，妙趣天成。一条清水从村头绕过民众房流向村脚。整个村庄干净清爽，湛蓝的天，洁白的云，翠绿的山，几缕炊烟，鸡鸣狗吠，是典型的中国山村风貌。我们站在村脚，听见轰轰的击水声，村民告诉我们不远处有两个瀑布颇为壮观，因时间关系，我们没有去观赏瀑布。

西坑的美，不在于村内。一千米外的公路旁是欣赏的最佳位置，村庄掩映在大树底下，云烟缭绕，时隐时现，给人一种神秘的感觉。

感受香港

2008 年 12 月 16 日至 23 日，我们来自各县市区和市直部门的"局长轮训班"的二十四名学员和老师、领队共二十六人，到香港进行为期八天的城市规划与管理的学习、考察。

我们这次学习考察，是中规中矩的学习考察，并没有借学习考察之名，行观光旅游之实。八天时间，掐头去尾，留下六天，共听了八个报告（香港公告房屋发展史、香港城市规划与城市住宅建设、香港城市建设规划的整体发展、"一国两制"理念在香港的实践与发展、香港廉政公署的运作等），交流考察了六个地方（香港中文大学中国城市住宅研究中心和建筑学系、香港新市镇——沙田、香港房屋委员会会展中心、香港规划及基建展览馆及廉政公署等）。有时因报告者时间冲突，还要安排在晚上上课。回来后，大家还要写考察报告，在班组交流。

在此，我不做冠冕堂皇的考察报告，我只将八天来的感受记录下来。

（一）社会秩序井然

香港由香港岛、九龙半岛、新界和周围零星岛屿组成，总面积一千零八十平方千米，总人口七百余万，生活在约占总面积的百分之二十的土地上，加上流动人口，那只能用人山人海来形容。但无论是在地铁购票、商场购物、娱乐场所等候，看不见警察，人们自觉排队，无插队、挤压现象。星期天，我们结伴游览香港迪士尼乐园，数万游客，秩序井然。

（二）注重环境保护

新界和香港岛、九龙半岛的山地、丘陵，百分之八十是受法律保护，不允许开发的。在这些地方，政府相当重视环境的保护，或建成郊外公园，或建成森林公园。去过香港的人都知道，维多利亚港湾高楼大厦林立，人口密集，车船往来频繁，但海水还是湛蓝湛蓝的，大街小巷整洁干净，到香港八天，不用擦皮鞋，看不到有冒烟的工厂。

（三）公共福利健全

不管走到哪条街道、哪栋楼宇，不仅残疾人的无障碍通道设施齐全，而且专供残疾人使用的卫生设施也齐全。图书馆免费向大众提供服务，馆内有专供十二岁以下孩子使用的电脑、书桌，可以异地还书。我们走过的地方的所有卫生间，很整洁，全都免费，并供有手纸。孩子上学方便。实现了居者有其屋目标，底层居民人均有十二平方米的公屋，或有相当于内地的廉租房、经济适用房。

（四）爱岗敬业高效

在大街小巷上，踱着方步，怡然自得的，肯定是从内地来的。香港居民生活节奏快，来去匆匆。这几天，我们接触了廉政公署的官员、大学教授、管委会员、项目经理和众多服务人员。他们人人充满自信，个个爱岗敬业。为人谦逊、礼貌，服务热情。商店的经营者，不管生意大小、顾客的"刁蛮"，也不管生意能否做成，多笑脸相迎、百问不厌。

当然，香港给我的感受还很多，恕我以后慢慢道来。

凤阳之行

2009年5月14日至16日，我们这里的正职领导干部研修班五十余人，到安徽蚌埠市凤阳县小岗村学习考察。

14日上午7:30，我们从杭州出发，经南京，开往凤阳。车子是老爷车，车身高高的，座位窄窄的，坐垫矮矮的。大家一上车，第一感觉就不好，加上驾驶员路线不熟，开了半个多小时还没有上高速，因此大家牢骚满腹；上了高速后，车子跑不起来，到南京已是中午11点半，大家嚷着肚子饿了，到服务区吃中饭；可姓马的导游告诉大家再过一个小时就到凤阳了，并已在凤阳定有午餐。我说不可能，前年我去的时候，小车从南京出发到凤阳也要两个小时。到了12:30，车子还在江苏境内。胃不好的，捧着肚子；低血糖的，补充能量；带有零食的，拿出来共享。大家提议，到服务区用餐。下午一点多了，好不容易看到一个服务区，导游却没让车子进去，大家义愤填膺，满车的怨愤。但大家只有忍着饥饿，直至下午两点多才到凤阳县城吃午饭。

饭后，我们奔向小岗村。小岗村位于凤阳县东部，距县城40千米，隶属小溪河镇，由小岗、大严两个自然村组成。1978年12月，小岗村18户农民以"敢为天下先"的胆识，按下了18个红手印，搞起了"大包干"，揭开了中国农村改革的序幕，由此小岗村成为中国农村改革的发源地，凤阳也因此再度闻名天下。也许是填饱了肚子，从凤阳县城到小岗村的这段路上，大家才有心情看看车外的景色。凤阳位于安徽省的东北部，属于淮河平原，放眼望去，一马平川。现在正是麦黄、油菜成熟的季节，一派丰收景象。约莫过了半个小时，车子进入小岗村，要不是有个牌坊，不相信那就是小岗村了。沿水泥路有几栋砖混结构的两层房子，庭院蛮大的，看不见村民。离牌坊百来步，有座茅草披顶的土坯房子，房子外的院子用木栅栏围着。这就是当年十八汉子按手印的那栋房子。买了门票，低头弯腰，进入房子里看，里面十分简陋。几分钟后，出来再走五百来米的路，到博物馆参观。博物馆倒是蛮气派的，展现出小岗村"大包干"的经过、改革开放成就、发展规划等，也展现出凤阳的历史、改革开放历程、所取得的成就等。大家议论最多的是凤阳仅种点小麦、油菜，人均收入会有多少。问当地的导游，是否可以进村民家看看。导游说，省级以上的领导干部先预约，可以与健在的当年按过手印的村民交谈。总共个把小时，结束对小岗村的考察。

再坐车回蚌埠，失望之情油然而生。大家叹息，小岗村发展的速度令人惋惜，村庄不像个村庄，人气不旺，看不到几个人；产业没产业，除了小麦、油菜没其他作物，只在博物馆旁看到几亩葡萄园。

蚌埠的入城口，有百米大道，车子左转右拐，到了一条狭窄的老街停下，大家进入宾馆，看到门面不像门面，更无什么大厅，像个旅社，抗议入住。因已5点钟，大家先委屈住下，晚上再商议改变行程。原来计划，第二天到韭山、狼巷两个风景点看，晚上还住蚌埠。现在大家一致反对明晚再住蚌埠，最后改变行程，第二天尽快看一下那两个景点之后到南京住宿，好后天回去快一点。

两个景点，都是喀斯特溶洞，由于投入不足，加上已老化，不如云贵滇桂的溶洞，也不如浙江的瑶琳、灵犀仙境。

"说凤阳，道凤阳，凤阳是个好地方，出了明朝开国皇帝朱元璋；自从出了朱元璋，十年倒有九年荒。"凤阳花鼓戏这样唱着。

这次的凤阳之行，我的感觉太一般了。

可还是有点收获，看到当地有个老妪在卖蜈蚣，说五块钱一条；

看我围观，说十块钱三条给我。我给了钱把蜈蚣夹进矿泉水瓶子，把带去的一点白酒倒进去。同去的一朋友，见状亦把一小瓶白酒加入瓶子里。回家后改装大瓶子，注满白酒，至今尚在。

寻访白水漈

2009年10月1日至3日，萧山的同行一行十四人到我们这里玩；4日，金华武义的同行一行六人到我们这里玩。这个季节，我们这里什么也不好玩。绞尽脑汁，带他们到遂昌金矿转转，然后到松阳的千年古塔看看，到黄家大院走走，到摄影基地拍拍，最后，客人是打发走了，可内心愧疚，没有好东西呈现给远道而来的朋友。

5日，我早早起床爬山晨练，另一拨朋友来电话，说取消了到我们这里的行程。难得一天清静。可回到家，心里空落落的。脑海里还是回萦着萧山同行的话："你这里有没有青山绿水，可以划划船或给小孩漂流之类的地方？"本来，我们这里处处青山绿水，只是近几年搞小水电开发，这里截流，那里截流，造成大河小溪断流，没了水，就缺了灵气；因此，只有青山依旧，绿水却无踪了。思索着哪个地方还留着一泓净水呢？近的地方是饮用水的水源，远的地方交通不方便。猛然间，想起白水漈，何不去探访一下……

漈，即瀑布；白水漈，就是白水坑上的瀑布；白水，即山间小溪。我知道在城北四都乡范围，我一个朋友的家在那大山深处，读大学时，曾与他一起回去玩过；还有，20世纪90年代初，与人合伙烧白炭，也到过白水坑的青山冷坞；但具体在哪里不是很清楚了。记得该乡的乡长说过，已有人在"十里沿背"（因其十里的上岭，故有"十里沿背"）开发香榧基地，基地与白水漈相连了。于是，我马上打电话给乡长。乡长告诉我，由于台风"莫拉克"，到基地的路被泥石流冲毁了，有二十里的路要走。还问我，去过没有，没有的话，让乡干部给我带路。我说，以前是去过的，应该找得到，不用麻烦了。

　　九点半，邀上朋友——政府督查室领导一同前往。他也是四都人，但没有去过白水漈。以防万一，我们先哐点点心，然后驱车前往白水漈。十点，到了"十里沿背"的山脚——郎树村。停车步行，不到两百五十米路，遇见朋友娘妗的哥哥，说还可以开车走一段路，我们又返回开车，绕机耕路盘旋两千米，再停车开始爬山。山民告诉我们，往返起码三个小时。地点在东北方向，翻过沿背，循右手爬山就是。看看时间已是十点半，准备一点半下来。爬岭十余分钟，乡长来电话，说乡干部与我们联系不上，还在村子里等着。我们说，能找着的，让乡干部回去吧。爬岭时，朋友说他生长在山区，爬山应该比我在行；我说我天天爬山锻炼，爬山是可以的。结果在伯仲之间。

　　根据山民的指导和我们对地形的判断，半个小时后，到山岔路口，我们沿右手方向走小道，约一千米，到山坪，有堆着小山似的杉木。又顺着右手爬山一千米，看到基地开发的机耕路。走上机耕路，满目疮痍，到处是被山洪冲刷的岩石。岩石呈白色，在阳光下格外刺眼。开发的水平带上杂草丛生，仔细翻找，才能找出十至二十厘米高的像杉树苗的香榧苗来。我们认准东北方向的山顶，继续逐级沿水平带爬去，爬到山顶，再往东约两千米，看到了险峻的山势，知道那就是白水漈了。

　　白水坑，是雨水冲刷而成的，处于三座山之间。南面的山突然断层，岩石突兀，地势险峻；东西两山脉连绵不断，除东山的南段地势险要外，其他的较平缓。白水漈就处于南面的断层上，一方面是旱季，另一方面由于源流不长、集雨面积少，因此，白水漈水很小，只有碗口粗，但落差大，据说是华东地区落差最大的瀑布，雨季时十分壮观。我们继续往北走去，看到一座独立的山峰，似关公的偃月刀仰摆着，刀刃锋利。我想下到谷底探个究竟，可惜朋友有恐高症，时间也到了近一点钟，只能作罢。但可以肯定，这里值得开发。

回来仅用了四十分钟就走到了停车的地方，下午 1 点半到郎树村，看到山民摘野生的猕猴桃回来，说二点五元一斤，买了一百元钱的白猕猴桃和红猕猴桃回来浸泡白酒；两点钟咥中饭，到家已是三点多了。

爬了三个小时左右的山，看到了不是很壮观的白水漈，但心里平和多了。我们这里有看头的地方还是有的，只不过还是处女地，有待开发而已。

【后来，基地转包，没形成气候，白水漈亦没有随松阳的旅游业兴起。】

仰望星空

2009年10月17日，星期六。秋高气爽，丹桂飘香。应朋友之邀，几个家庭九口人到遂昌湖山红星坪温泉休闲山庄休闲去了。我们开着两辆车，10点钟下了遂昌高速，遂昌的朋友已在路口等候。简单寒暄后，开车上路，直往湖山的红星坪。

遂昌最近几年旅游开发得很红火，有飞石岭、南尖岩、神龙谷、金矿地质公园等景区，都有一定的规模，品位也不错。国庆期间，湖山的温泉山庄开始对外试营业。遂昌的朋友邀我们去泡温泉，大伙一合计，决定一同前往。早在四五年前，听说湖山有温泉，我曾约了两个老板到那儿考察过。那时，路差坡陡，几个盘旋，吓着了老板。这次，我开着朋友的车，虽有点生手，可我习惯开山区的盘山公路，再者有心理准备，因此，开起车来还是稳稳当当的。11点40分，到达湖山红星坪温泉休闲山庄。

这里依山傍水，古木参天，空气清新，是个世外桃源。建筑物是由原来的小学改造而成的，外观大方，设施健全，看上去有一定的档次。

主人热情好客，酒菜都是最地道的绿色食品，酒足饭饱午休后，3点钟我们一行十二人从山庄出发，向东步行十五分钟，到乌溪江旁的小码头，那里早有一艘豪华的游船在等候了。游船以电瓶的蓄电为动力，沿着下游，虽开不快，但没有半点噪声。江水碧绿，水流平缓，两岸青山对峙。我们欣赏着沿岸的美景：有行走的驼峰、有峭壁上分布着的一簇一簇山兰花的兰花岩、有形似台湾岛的岛屿，还有百米高的千丈崖，号称小三峡。

　　我又坐不安稳了，起身走到驾驶室，掌起舵来。5点半，天色暗下来时回到码头。主人说，酒后不能马上泡温泉，最好是现在就去，宁可晚饭迟一点咩，届时可以尽兴喝酒，我们欣然赞同。

　　大家先冲澡净身换好泳衣再消毒进入池塘。池塘分室内大池塘和露天小池塘。大池塘里有冲浪按摩，可游泳；小池塘里有亲亲鱼按摩，菊花、中药、玫瑰疗理等。

　　我径直往亲亲鱼池，试试水温适宜，踏入水中，仰躺在池里。一会儿，许多小鱼围拢过来，且轻轻地用小嘴吸咬我们的脚底、脚趾、指缝、小腿，痒痒的，既难受又舒坦。据说，这种奇特的鱼对人体的吸咬有极大的好处，可以吸食人体新陈代谢的死皮并能把残留在人体表皮毛孔中的垃圾和细菌吸出，使人体变得通透，免受因细菌、病毒在人体日积月累地沉积给人带来的疾病；同时使人体充分吸收温泉中的矿物成分，达到美容养颜、延年益寿的神奇功效以及祛病的目的。

　　慢慢地我屏气静心，浮在水面，任凭亲亲鱼的亲吻，仰望着星空⋯⋯

西藏行

应朋友之邀，2010 年 6 月中下旬，我终于了却了西藏行的心愿。

之前，我一朋友的陶器作品将在上海世博会分会场——东方明珠展厅展出，要我帮助布展。6 月 15 日，我与朋友开车，早早从本地出发，七个小时后到达落脚地。之后的四天，经历了传说般的过程。这个朋友被一个骗子骗去三十万元钱，这个骗子还忽悠当地四套班子到东方明珠搞发布会。我不想细说它，因为牵涉许许多多的人和事。可以这样说，如果没有我一同去，那永远是个传说。不过，虽然最后历尽千辛万苦，多花了五万元钱，但于 18 日上午还是在东方明珠一楼展厅成功召开了开幕式。记得还与大作家叶辛有个合影留念。下午，赶往火车站，又经历曲折，才与朋友会合。晚上 7 点，坐上直达拉萨的火车。

同去的有工业园区的干部职工十一人，还有其他单位的我的两个朋友，加上我和地陪，总共十五人。对这次西藏之行，我一直没有热情，全由我的朋友——那两个朋友和园区的书记（也是我朋友）促成的，因此，对行程、交通条件等我都没有过问。加上在上海与骗子较量，我已身心疲惫。还好在去上海时，带足了衣服和药酒。我出门有个习惯，长时间坐火车或轮船要么打牌，要么看书，要么喝酒。酒是自己泡的，这次带了红豆杉籽、海马浸泡的药酒各一瓶，约五斤。

19 日中午，在西去的列车上导游问我咥点什么，我说随便。后来列车员给了我一盒半生不熟的面条；我要求列车员更换，心里更加不爽。

两天两瞱，到达拉萨。我们去的地方有布达拉宫、大小寺庙、羊八井、纳木错、八一广场、林芝、雅鲁藏布江大拐弯处等经典景点。

西藏给我的印象：没有导游说的那么可怕，什么不能喝酒、不能洗澡、不能外出喝牦牛汤。当天晚上，我先洗澡，然后约朋友出门吃夜宵，没有一个去的，我一个人出去喝酒嚼牦牛肉干，也没有什么高原反应。

西藏本身不出产宝玉，可到处是卖绿松石、蜜蜡、玛瑙的商店，老年妇女手上也拿着"老蜜蜡"用半生不熟的普通话兜售她们的宝物。我一个朋友相中一个两万多元的蜜蜡手串，杀价到五千元。看到我，问我怎么样，我用土话说，只当工艺品，二百元顶多了。后来，我与店主聊了好久。他说难得碰到懂行的，就送给我玩玩吧。我说我不喜欢戴手串的，谢谢。

西藏环境特别的净，人也虔诚。

进京受奖

　　2010 年 12 月 15 日星期三，一早，下起雪，夹着小雨。一年一度的年终考核，首站到我单位。为表示重视，我给考核组的同志做了汇报。个把小时考核结束后，回到自己的办公室，龙游诗人老夏的 QQ 图像已在不断闪烁。他说，天气不好，让我早点过去。这次，我与老夏都被评为全国地方志系统先进个人，两人相约一同前往北京受奖，机票由他代劳购买。他说我们 15 日 19:40 从衢州到北京，18 日下午返回。我说好的。我告诉他，我 15 日下午 3 点出发，16:30 到他那儿，简单吃点晚饭，17:30 再出发，18:30 到机场。

　　下午 3 点，天下着中雨，偶尔夹着雪花。我准时出发，五分钟到高速路口。收费站的入口处画着红色的叉，一询问，原来是因为下雪，高速路已封闭。驾驶员说只好走省道，最多添半个小时。雨渐渐小了，雪花却渐渐大了，还是儿时所见的鹅毛大雪。天空灰蒙蒙的，公路两旁的山不断变白。一个小时后，车子行到遂昌的莲头岭，路陡，又积雪，许多货车打滑，走不了了，我们小心翼翼地蛇行在大车间，庆幸能通行。可看看里程表才四十码。这样算起来，到龙游要 17:30 以后了，因此打电话给老夏，请他先去，我不在龙游耽搁了，直接去衢州，在机场会合。他说还是在龙游等我。

　　雪越下越大，越积越厚，路越来越滑。每走不到百米，就能看见大车或小车因打滑发生事故。仅仅行走了五千米左右，在新路湾外面一点点，是一条长长的下坡路，百米外驶来一辆白色的警车，我的车下滑不听使唤，车速也在不断加快；警车也不敢躲闪，只拼命按喇叭；最后亲密接触，发生了刮擦。我的车又滑行了五六十米，一头栽倒在公路边的水沟里。两个人爬出驾驶室，知道身体没有受伤，值得庆幸。去看看警车，原来是遂昌检察院的，左面的后门瘪了，再回来看看我们的车，只左前方挡水板碎了，可车陷入水沟，一时半刻是拉不上来的。驾驶员打电话报警、给保险公司报案，我打电话给老夏，告诉他情况，让他自己去，把我的机票退了。雪漫天飞舞，若不是车祸，肯定欣喜若狂。在等待事故处理当中，慢慢开来一辆小车，我把它拦下，希望它搭我到龙游。车主是衢州开化人，听了我的请求后，让我上车。告别驾驶员，我继续向龙游进发。

雪还是不停地飘着，地上的积雪已到二十多厘米，车子以三十码的速度小心翼翼地驶着。我告诉老夏，我又来了。按路程计算，要6点以后到龙游了，还是让他先去，我若赶不上飞机就想其他的办法到北京，到那再碰头。老夏坚持与我一起，他在龙游等着。一路上，状况不断。老夏不时来电话，询问到哪里了，还要多长时间到呀。虽然车外寒冷，但我心急如焚，让他打电话到衢州机场问问，航班是否正常。不久，反馈过来是正常的。18:10左右，终于看到老夏等候多时的车子，谢别了好心人，钻进老夏的车。老夏问是否还要去衢州，我说当然去的。他的驾驶员说这样的天、这样的路到机场要两个小时，我说只四十几千米不用那么长时间的，再说，这样的情景，说不定飞机不能正常起飞。驾驶员还是吞吞吐吐，说不能去的种种理由。我同老夏说，打的去。我让驾驶员找到衢州的出租车，司机要价二百元。我们不管，马上走。

因是国道，交通繁忙，路上基本没有积雪，车子飞驶着，这样算起来19:00左右可以到机场，于是与老夏分工，他去取机票，我提行李。还在庆幸果断决策时，前面堵车了，长长的队伍，看不见尽头。驾驶员说是收费站来不及收费，只能等，一等半个小时，到机场正好是19:40。

工作人员告诉我们，航班因下雪取消了，又因我们的机票转手了多次，所以无法与我们取得联系，让我们先到宾馆休息，看明天是否能有飞机，弄得我们哭笑不得。多次询问工作人员，明天是否肯定能起飞，回答是不确定。与老夏商量是否坐火车去，最后决定以不变应万变，若真不能起飞，就不去北京了，并把情况告诉会务组。

俗话说，见雪天晴。第二天上午，我们起床时，已是一轮红日当空了。打电话问航班的事情，机场工作人员回复说北京机场还是封闭的，下午也许可以走。11点半，宾馆服务人员送来免费的午餐。12点钟机场来消息，下午3点可以走了，结果还真的在3点飞往北京。

算是好事多磨吧。

四、亦说医术

医　术（一）

这几天，我的后背左肩膀处，由于天冷，侧睡，受了风寒，感觉很痛，头不好转，手臂不好举，老婆让我去看医生。我不敢，我叫她给我买包追风膏贴贴就行。

我是个农民的儿子，从小学会了农活，无论是犁耙耕耖，还是打谷、插秧，都算得上是一个好把式，且争强好胜，看到人家农活不在行，恨不得脱了鞋自己下去露一手。

八年前，即2000年，春花收割插秧时，我常常骑着车给亲朋好友去插秧，喝喝酒，叙叙旧，吃碗插秧饭。回家后，用水一冲，全身舒坦。可不几天，胸背一阵一阵地疼痛，同老人一说，都讲是被"鬼箭风"射了，泡樟树皮或采七个樟树蕻（不能露天）泡起来喝了就好。妻如法寻"药"，煎好喝了感觉蛮不错，又去给亲友插秧，晚上又发作，且越来越痛。"五一"前夕，整夜不能躺下，七跪八爬，熬到天亮。

"五一"长假后，一到上班时间，我便去医院看病。医生没听完我的叙述，就用听筒听了听胸部，说先拍个X射线片。我说起十年前曾得过肿瘤，问医生我这是得了什么病，医生笑而不答。等X射线片洗出后，发现是患了胸腔积液即胸膜炎。二话没说，住院治疗，当天下午办妥入院手续。

第二天，先是化验大小便、血常规……后是B超定位抽液。抽出一斤许粉红色的积水。医生告诉我的妻子、母亲，液体一般是黄色的，粉红色的是不好的迹象，一定是CA转移，必须做CT。我执意不做，认为没有必要，最后还是敌不过母妻的苦劝，去公医办办了特批项目，做CT。出了CT房，医生拿着片子看看，一声不响，妻子返回询问 CT 医生，医生说，没有发现病灶，只有一团血水，薄衣包着，滚来滚去的。住院部医生看了 CT 报告，商量后对我家属说，CT 只能检查出一厘米以上的病灶，不准确的，只好再抽液，进行细菌培植做病理分析，查 CA 细胞。我坚决不同意，予以回绝。

又过了两天，再去做 B 超检测积液数量，只有三四厘米了，不用抽液，但挂消炎水、吃消炎药又是半个多月，到什么也查不出什么也没有不正常时，医生放我一马，准许出院，这时，我入院已近一个月，用去三千多元。

医　术（二）

　　最近一段时间，我的左手臂不时酸痛，吃了芬必得还是疼；再次贴追风膏也无用；上个星期六去拔罐，并从朋友那儿拿了"大腹散"泡了喝，还是不见效。一阵阵疼得睡不好、吃不香，情绪低落，上网无趣；特别是星期天的夜里，疼得差不多一夜未睡。

　　星期一早晨，我照常爬山锻炼，练练气功、甩甩胳膊，还是酸痛难忍。虽然我极不情愿与医生打交道，但还是下定决心，上班后去看医生，怕又引发其他病来。

　　在我们这里最大的医院里，我先碰到老院长。因为彼此熟悉，我告诉他症状，老院长沉思一会儿说："你那是肩周炎，没有药的，只要多运动、多拍拍、举举哑铃、爬爬矮墙就会好了的。"我的心宽多了。

　　可疼痛难受，想尽快止疼，我去找了我的同学——现任院长，是神经科专家。他拉着我的手，往上迎了迎，往后返了返，问我疼不疼，我说还可以，问他是不是肩周炎。他说，你这绝对不是肩周炎，肩周炎的话，手是举不起的。你是某根神经受挫所引起的疼痛，没关系，我给你开它三四天的药，吃了就没问题了。我听后更加放心。

　　告别院长出来，走不了几步，又碰到我的学生，他在针灸科工作，我把手臂疼痛的事又向他叙述一遍。他说，您这是颈椎病，是你们的职业病，现在还刚开始，好治，下午来，我给您推拿几下就好了。我欣慰不已。

　　从星期一下午开始，我3点半到医院，学生先给我牵引，然后推拿，病情逐步好转，疼痛慢慢缓解。到今天（2008年3月13日）

是第四天，已恢复得差不多了。

我母亲七十多岁了，得知我的手臂疼，第一句话就是让我马上到医院看医生、拍片，要我听医生的，相信科学。是啊，我不能因遭遇过庸医而因噎废食，以致失去最佳的医治时间。在这点上我还不如母亲呢，还是相信科学的好。

医　德（一）

　　医生是神圣的职业，我尊重医生。少时，曾一度下决心长大当个医生，救死扶伤。可是，自从我二十年前（1990年）得重症，被耽误治疗；翌年，父亲突然患病，医治无效，撒手人寰；2000年，我患胸膜炎，却一定要查癌细胞；2005年，恶性肿瘤复发，被诊断为慢性病；2010年，体检发现左肾上有个错构瘤，说是癌症转移……我只能说，庸医害人！同时，感谢德艺双馨的医生的救命之恩。关于1990年、2000年的事儿，在我的《活着真好》《医术（二）》中侧面反映过这方面的情况。这里我将用两篇文章告诉大家我2005年之后的遭遇。

　　2005年的清明节，我与几个朋友到兰溪的地下长河、北华山游玩。晚上，到金华市后，某啤酒厂的老总请客，多喝了几瓶啤酒，夜里出现血尿。我知道情况不好，1990年，曾患过膀胱恶性肿瘤，当时的症状就是无痛血尿；因此，第二天的玩耍没了心情，希望早点回家、看病，但又不好说，怕扫了大伙的兴。等回来后，迫不及待地到医院看医生。接待我的老医生慢条斯理地给我开了一大堆检查化验的单子。等尿常规检测结果出来，医生一看，说白细胞高，是炎症，该病是会出现血尿的。等血常规检测结果出来，医生说谷丙转氨酶超标，是酒精肝；血糖稍高，是糖尿病。建议我到肝脏科找某医生看看。某医生看了化验单，说没事，先吃点护肝片，一个月后再来查查。一个月后，各项指标正常；但不久，偶尔又会血尿，再找老医生，医生给我开了消炎药，吃了，血尿止。这样，延续了一年。

　　2006年3月，与朋友到杨村桥，想起以前这里的跳跳鱼好吃，就下高速，去吃烧鱼。喝了大半瓶"五加皮"，血尿加重，一直拖至5月。在当地医院做B超、CT造影，不能断定病情。5月12日到浙一医院，做了内镜检查。做检查的两个医生说了一句"你是个拿生命开玩笑的人，几十年来第一次看到这么大的肿瘤，且长了那么多（四颗）"。叫来专家，专家一看："天哪，全切。"我问要不要切片化验，专家答，没必要了，能否手术还说不定。陪我去检查的妻子、妹妹、嫂子当场哭起来，我倒对她们说没有那么严重，我自己知道的，即使到了那一步也是命中注定的，不用悲伤。接下来的几天，就是术前检查和准备工作。还好，肿瘤没有转移。18日，两位主任医生确定了手术方案：整个膀胱切除，用一段大肠代替膀胱，整个手术八个小时（两位主任医生说是近年来他们科室所做的最大的手术）。我请求切片化验，他们说百分之九十八是恶性的，只有百分之二的希望是良性的，我没有那样的运气，切片徒增痛苦而已。最后定在22日手术，让我爱人和妹妹去签字。因还有几天，我建议她们先回去休息，20日再来。21日上午，我喝了泻药，因为要用大肠，所以必须清洗干净，一直泄着，直到什么也没有为止。晚上，妻子说明天手术后，我就会失去性功能。我不知所措，一下子瘫在床上。妻子说，医生告诉她，膀胱切除后，管性功能的一条经脉也是一起切除的，从此就会失去性功能了。妻子对我说，现在不过夫妻生活的夫妻很多，只要我活着，比什么都好。我懵懵懂懂地听着，没有说什么。22日早上6点，妻子、妹妹、嫂子送我到手术室前的走廊，我提着拖鞋，茫然走向手术台，那时什么也没有顾及，犹如赴刑场……

医　德（二）

当我从手术室被推出来时，是下午 1 点钟左右。妻、妹妹、嫂子等看见我睁开眼睛，十分兴奋地告诉我，我的膀胱保住了，比预料的好。她们叙述着：

她们都在病房焦急地等待着。9 点左右，听到喇叭广播叫家属马上到手术室去，有要事相商。她们听到广播后，都吓得哭起来了。之前，医生就说过，手术台不一定下得来的。她们猜想肯定遇到意外了。到了手术室，泌尿科的正副主任，还有手术医生都在歇着。他们告诉她们，比预料的好，破腹取肿块速冻化验结果还是早期，且肿瘤已经钙化。正主任（六十岁左右）意见是患者才四十岁多点，保留膀胱，把肿瘤切除即好，但容易复发。副主任是个女医生，四十岁左右，她的意见是按既定方案进行，说膀胱肿瘤容易复发，用大肠替代，不用再受苦，但大肠的效果不如膀胱本身的好，且会失去某些功能。所以，请家属来定夺。

她们一听都很高兴，但要定下来哪个方案，又没有主意了：两个方案各有利弊。我的妹夫说掷硬币，"阴"（无字）就按原方案，"阳"（有字）就按新方案。掷了两次，都是"阳"。且她们内心都倾向新方案，这样就决定保留膀胱，恳求大夫用放大镜看仔细一些，手术彻底一些。两个主任都说放心好了。

这样，手术只一个半小时就结束了，接下来就是打麻醉的针，原来用了八个小时的量，现在手术不过五个小时就结束了，因此，在手术室等到我醒过来，把我推出手术室。

之后，我们都在说，浙一泌尿科的医生医德高。若碰到一般的医院、医生就不管三七二十一，按原方案做就是，不会再征求患者或家属的意见了，更何况一开始我就对他们的诊断提出过异议。

后来，两个主任和我们都成了朋友。交流中，他们亦疑惑，怎么这么大的肿瘤，还是早期，且钙化了。

第二年复查时，还是有一个小家伙，当初没有冒出来，现在在膀胱镜下消灭了。

一晃又是十五年了。

医　德（三）

　　1985 年，我读大学时，口腔上下长了四颗智齿，花了四个星期一颗一颗被当时的地区医院的医生挖掉，从三十六颗变成三十二颗，牙床松动。1987 年 8 月，工作后，烟、茶不离口，牙齿黑黑的，几个月用超声波洗牙，牙釉被破坏，牙齿继续松动，咥清东西，牙齿酸酸的。

　　1991 年，恶性肿瘤手术后化疗；虽然头发没有掉多少，可牙齿严重损伤，有的开始脱落。到人民医院看牙科，医生用钳子敲敲，说不用处理，等全部掉光后再镶就是，可一等就是二十五年。

　　2016 年春夏之交，下颌牙齿留下没几颗，再怎么装饰都没有桩了。趁到市里开会，托熟人联系了当时全市最好的牙齿种植医生。到医院二话没说，住院常规检查。因工作关系，只能双休日去医院。血压高，吃药降压。有一天，医生对我说，明天省里有专家到这里来，我下颌有根息肉，请专家给我割掉。第二天，我借故工作忙，出院回家。过不了几天，那息肉自然脱落。

　　这年的夏天，下颌牙齿到了非做不可的程度。实在没办法，因做牙齿相当麻烦，县人民医院还没有开展这项业务，只有在县城两所新开的牙科医院中选择，其中一家聘请的专家就是之前的那位，因此，没的选择了。一开始，介绍他们如何先进、如何实惠、如何好用，反正是唯一，告诉我怎么做、如何好。我不知道呀，只要快捷、适用就行。于是，谈好价格，进入实施阶段。

　　方案是先给上面残留的牙齿固定（说好固定后做烤瓷牙），然后把下颌仅残留的两颗坏牙清除，先做副移动假牙使用。一个月后，从下颌牙床中间割开，转下四颗螺丝，埋入牙骨，然后缝好刀口，一个星期后拆线。

手术时，给我施了局部麻醉。可转螺丝时，痛彻心扉，全身痉挛，汗流浃背，这辈子难以忘怀。好不容易挺过来，等到缝好线，已经精疲力竭。接着是咥一个星期的止痛片、消炎药。两个星期后，右面第二颗螺钉周围疼痛脓肿，继续吃药两个星期不见好，每天晚上痛得七跪八爬，多咥止痛片还是没有用。医生说，这是正常现象，有些人就这样，"抗体"不适应，挖掉就是。没办法，又打麻醉，割开牙床，挖出螺钉，然后缝合，又去了半条命。

可是，过不了多久，左面第二颗螺钉又出现相同情况，折腾了一个多月。医生说，我的体质不适合种植，要把给我种植的几颗螺钉全挖掉。这个罪，我受够了。但还抱点希望，看看还有什么补救方案。最后决定到杭州较好的种植牙科医院看看。这家医院也派了个医生一起去。

2016 年 1 月 18 日，我们开车从松阳出发到杭州，吃了中饭后，去找事先约好的医生。两点半左右见到杭州医生，让我在牙科椅子上坐下，用手术针一戳："松阳的医生怎么这样乱来的！"然后用棉签吸干脓水，给我配了一支药膏和针管，共花费四十六元。

回来后，经过两天的治疗，脓肿消失。

刮 痧

我的后背左肩膀处着凉风痛已经四五天了，曾贴了块追风膏，痛感略轻。但常常开车，颇觉不舒服。

昨天（2008 年 2 月 23 日）吃了晚饭尚早，我想请盲人给我推拿一下。老板娘听我一叙述，建议我刮痧，说今天刮痧明天就不痛了，并自我介绍专门学过刮痧，要亲自给我刮。我半信半疑。

我记得，小时候我们农村对待中暑作痧、伤风感冒、腰酸背痛的有三个土办法：一个是放血（在耳朵坠里或眉心，用针扎，用力挤出血）；一个是刮痧（在伤痛处，抹上菜籽油，用青花碗的碎片，按同一个方向用力刮，有痧的话，刮得黑黑的）；三是拔罐（我们叫吸瓶儿，用阔口的小瓶子，燃片草纸，扔进瓶子，马上盖在患处，过几分钟，瓶子自动松开）。

我是只看过上了年纪的人屡试不爽，自己却从未试过。听老板娘这么一说，那就试试吧。

老板娘往我背上倒了些推拿油，再用一块晶莹剔透的牛角刮片使劲地刮，疼痛难忍，我大呼其疼。老板娘说，才刮了几下，已经黑黑的了，按理说你痧那么多，刮去是不会痛的。她说刮轻一点，让我忍一下。又刮又痛，是一种焦裂的感觉。刮刮停停，经受了近一个小时的折磨，老板娘说好了，她说给我刮了一个标准的"介"字，我的痧很严重，"字"黑黑的，今明两天不要洗澡，我的风疼很快就会好了的。

晚上睡觉的时候，一躺下，"啊"又是一阵焦裂疼。

今天一觉醒来，起来爬山晨练，扭扭脖子、甩甩臂膀，"唉"，确实轻松多了。

唉！民间一些土办法，常常还是管用的。

悬壶济世之心

2009 年 4 月 8 日早上，爬山晨练回来，在山脚下碰到一对耄耋夫妻，老太太手执蛇皮袋，老翁或蹲或弯或站。我好奇，询问何为？翁曰："拔草药。"妪详述：此乃卷青花，是医治"卷青蛇"的特效药，花一年开一次，现在花期为最佳采摘时间，花谢叶枯，无法辨认，就无法采摘了。采后抖干净、晾干、碾粉，用柏油或十年陈茶油勾兑，涂于患处，立竿见影。若患者"卷青蛇"头尾相衔，则病入膏肓无药可救了。再端详二老，虽粗衣布鞋，却精神矍铄、慈眉善目。依依道别长者。

4 月 9 日晨练时，特意绕到老人采药的地方瞧瞧，觅得卷青花数株，看邻地亦有星星点点长着。暗忖，常有人患"卷青蛇"，且难治，何不拔一些，待来日派上用场？于是我决定翌日采摘。

4 月 10 日是阴历十五。晨练小憩喝早茶之佛殿，佛前香烟袅袅，炮仗不歇，熏眼呛鼻，故今晨不爬山、不进殿喝茶。寻了塑料袋，径直到山脚采草药。

卷青花生长在紫砂岩表层，也像"卷青蛇"，条状分布，依附地表苔藓，四叶一芯，芯如针细，芯上开花，叶似韭菜，花串形蓝白色。拔时一次只能拔一芯或一芯二叶。到 8 点钟，仅采得半斤许，提着草药回来，把它放在办公室的阳台上，10 点钟还要出远门学习去。

当地俗语有云：读书无着，看病抓药；抓药无着，刖柴摘箬。还把人分成三等：学而优则仕，做官为第一等；做不了官，那么学医，悬壶济世，也不失为一个较好的职业；若连医都学不成，那只好做樵夫当泥腿子了。又云：久病成良医。我生长在农村，当地中草药资源丰富，老百姓大多懂得一两味单方、偏方，耳濡目染，认得一些草药，知道药性、功效；且自己长期与病魔斗争，悟出一些药理。因此，曾一度埋头学中医，想把中医这一伟大瑰宝继承下来发扬光大，可最终因不能无师自通而放弃。但悬壶济世之心未泯，等我退休之后，再拜师学艺，以了却心愿。现在积累一些知识，并力所能及地实践之。

2020 年 3 月 27 日早上，丈母娘来电，说昨晚脚痛彻夜难眠，过会儿来看医生。到医院，医生说是急性带状疱疹，验个血，打针挂盐水。带状疱疹，当地就叫"卷青蛇（龙）"。忽然记起十几年前的老夫妇，告诉我卷青花能治"卷青蛇"。

中午去了一趟原先爬过的那山，狼衣茂盛，杂草丛生。在湿阴的地方看到零星几株。整个山坡只采了一把。准备回家时，发现了一小片集中地，采摘了一小捆，并连根拔了几株，想把它带到菜地种植。

回来后，我把它的图片发在一个中草药爱好者群里，专家说这个植物学名叫粉条儿菜，我百度搜索了"粉条儿菜"，发现它没有治带状疱疹的疗效。

7 月 14 日，一朋友的丈母娘也患此病，有人告诉他，我有单方。我冒着酷暑到山上走了一圈，没有半点痕迹，便发图片给朋友，让朋友到草药店照图买点就是。

管它叫什么，有用才是硬道理！

健康离我们有多远

今天（2008年5月6日），我驾车到山区乡镇的一个村，村名叫内大阴，可想而知，还有一个外大阴村，两村相距六千米。过去这里树木茂盛，遮天蔽日，村因此得名。同去的是电视台的一个小年轻。我们去是因为"抗损"课题音像资料的需要，采访1942年8月国民党二十一师与日本军在内大阴村作战的亲历者和知情者。

由于近年"康庄工程"的实施，通村道路全部是硬化的路面，行车个把小时，就到了内大阴村。过去我只听说过村名，特地来这里还是第一次。村庄在大山脚下的山坳里，房子依山涧而建，村口耸立着硕大的风水树。前几天刚下过雨，山清水秀，空气格外清新，是天然的氧吧。

为不打搅当地的镇村干部，事先没有与他们联系，我们下车进村一问，被问的居然是我们要采访的两个人当中一个人的儿媳。她说她与公公不住在一起，不知他是否在家，她去找找看。我们很快访得另外一个要采访的人。这个人今年七十五岁，1942年日军进犯时九岁，新中国成立后曾担任村里的党支部书记。老书记给我们讲述了日军如何进村，怎样杀人，多少女性受侮辱，某某的房子被烧、粮食被抢，全村的牛被宰完、猪鸡被杀光以及国民党二十一师与日军交战的情况，我们做了录音录像。之后，我们返回刚才的采访者儿媳妇处。她告诉我们，她的公公今年八十八岁，但还是很健朗，挑一百五十斤的担子还是很轻松，今天到十里外的毛竹山翻土去了，中饭是带去吃的，要晚上才能回来。我们提出去找他，她说没有两个小时走不到毛竹山，再加上山地宽阔，即使去了也不一定找得到，还责怪我们事先没有联系好。我们只得悻悻而返，让她转告，改天再来。

下午，到平原乡镇的一个村，叫寺岭下。要找的一位老者，今年八十四岁。1942 年 8 月，日军在该村屠杀了七十多个平民百姓，众多妇女受凌辱；日军还使用了生化武器，许许多多的人生疥、烂脚。他五次被日军抓去做劳工，次次机灵逃脱。到他家里的时候，老太太告诉我们，老人家在地里干活，她说马上去叫，让我们在屋里等着，约莫半个小时，老人家挑着畚箕健步回来，看上去七十岁左右而已，眼不花，耳不背，齿齐全，精神矍铄。对六十六年前的事情，记忆清晰，思维敏捷，积极配合我们的采访工作。

哎！我不敢企望有八十多岁的寿命，就是上苍特别眷顾，也不敢想象我八十多岁是怎样的老态龙钟了。

旦夕祸福

2010 年 10 月 25 日是星期一，因许多返聘的老同志都过来沟通情况，加上这个月底有篇论文要交到省里，开学会年会时凑合着用，因此，也忙碌一些。9 点左右，一个朋友来电问晚上有时间不，一同咥个晚饭。我说，可以的，我来安排就是。他说好几年没有请我咥过饭了，以往都是我安排的，这次让他安排，并且请我邀几个朋友一同去，我爽快答应了。

下午 4 点左右，他与乡长一起到我办公室，商讨建造烈士陵园之事。下班后，我和民政部门、文化部门的几个朋友与他们一道到离城里三千米处的一家农家乐用餐。边吃边聊，主题就围绕烈士陵园的建设问题。晚上 7 点半，我打电话让朋友过十分钟开车来接我。同桌的朋友都说走路回去，锻炼身体。我说我是每天早上起来捡石头锻炼的，既然大家走路就陪大家走路好了。于是，再打电话回复了开车的朋友。过会儿，我们散席。

刚好 8 点钟，我们五个人，前二后三，走到离城一半的路程的时候，不幸发生了。我走在后排的中间，忽然（悄无声息地）右腿被什么东西猛烈撞击，整个人后仰摔倒在公路上，后脑勺着地，什么东西从我的左脚背碾过。旁边的朋友马上把我扶起坐着，感觉颅内有东西流过，我叫朋友不要动，让我坐会，可能是脑出血了。这时，看到左面躺着一辆电瓶车，侧面压着一个人，朋友正在扶车和人，有朋友在打 120。不久，我们知道骑车的是个女的，问了情况后，给她家人打了电话。这时，我试着站起来，走到路边树下坐着，感觉头脑清晰，只左脚背疼痛，还有右小腿、左手肘擦伤。那女的也清醒过来，说车灯不亮、对面大车远灯刺眼，不知咋的就撞上了。她脸部也受了伤。朋友问是否先送医院治疗？她说只是皮外伤，无妨。我在想，人家不是故意的，老百姓赚点钱不容易，过会自己去做个检查就是了，即使要花点钱，也自己出算了。

在等交警的时候，她的丈夫骑车到了。一下车，就不问青红皂白，开天骂佛，又打电话叫了五六个人来，说了一些蛮横、难听的话。不久，交警过来，现场勘查，询问情况，问问双方怎么处理。女的丈夫说，各自到医院看看就是了。我说，做人几句话，医疗费之类的好说，但他们两个人说的话，必须收回，有个交代。今天的事故，对方负完全责任，而这两个人说了些极为无理的话，十足的蛮匹夫。最后她丈夫向我们道了歉。我说现在受伤的情况还不明了，等检查完了再看情况处置，今天先这样。

在朋友的劝说下，我到医院做了 X 射线、CT 检查。头部除了皮下瘀血外，没有溢血状况；左脚检查出来三、四脚趾骨骨折，需打石膏固定，三十天不能走动，一百天才会痊愈。我固执地不打石膏回家了。还好，一夜没有怎么疼痛。

第二天一大早，很多朋友来了，一定要我去打石膏。说身体是自己的，一定先治好，否则会落下后遗症。没办法，去了朋友开的骨伤医院，打上了石膏。最使我难受的是，最近不能去捡石头了。

哎，人有旦夕祸福。也庆幸，没有伤着脑子。

劫后重生

2010 年 10 月 25 日晚，飞来横祸，我被一个女人骑的电瓶车撞倒，车轮碾过左脚，致使两根脚趾骨折。医生强迫我打石膏，贴伤药。去朋友的医院，医生却不地道，二十来天，换了四次药，又要再拍片。没理它，卸了石膏模，到草药店自己配了一服伤药，间歇敷到现在。

俗话说，伤筋动骨一百天。我是个贱骨头，一时片刻也休息不下来。不管是医生还是有过经历的人，都忠告过我，要休息，不能走动，否则会移位，要手术，或难痊愈，会变"天晴下雨"。我没有理会，第二天，石膏一打，瘸着脚，上班去了。其间，去了一趟武义、龙游，看石展；去了一趟青田，开会、考察摊坑水库，途中车坏，吃了苦头；去了一趟杭州，参加理事会、座谈会；去了一趟遂昌；去了一趟衢州、江西德兴和弋阳，参观学习，也买了些石头。日子过得也蛮充实、滋润的。不过，最使我难过的是，不能每天早晨到溪边、沙石料场捡石头，心里痒痒的，说不出的无奈。

12 月 4 日，星期六，我早早起床，上了会儿网，看看新闻、"偷偷菜"，百无聊赖。心生到溪边走走的念头，与妻子一说，遭到竭力反对。没趣，也不管她，顾自换了高筒雨鞋，开着车朝以往捡石头的地方奔去。

南方的初冬，还不寒冷；和煦的阳光，照得人暖洋洋的。

老路，老地方，老面孔：一切都是那么的熟悉，那么的亲切。

四十天了，虽然行动还是不怎么方便，可我能回到大自然了。一天下来虽然没有捡到一丁点好料子，可心情有说不出的舒坦。

真有劫后重生之感。

珍爱生命

2008年1月6日是星期日，经历了三四天的低温后，气温已升高。阴历年前有几本志书要赶着出版，因此，双休日也加班加点，到办公室审核稿子。下午4时许，看完了计划页码，头脑也胀胀的，开着车，想回老家看看。

我老家离城里两千米，其实现在与城里已连成一片。一个哥哥、一个弟弟，因拆迁，都建起新房子，最近在装修，年前都要搬进新居。我一直没有去看过，今天抽空去看看兄弟的新居。

兄弟俩的房子各有特色，前坛后园占地都有二百多平方米，里面的装修也富丽堂皇，电器、家具也都气派，放在几年前，是难以想象的。正当我为他们的居住条件改善而感到高兴时，弟弟告诉我妹夫（对他来说是姐夫）昨天下午出车祸了。我的心一下子悬了起来，他说，昨天妹夫从江西吉安到湖南考察某个矿藏，在湖南衡阳出了车祸，头部前额撞伤，缝了十几针，奥迪A6的新车被碰得粉碎，具体的情况他也不甚了解。我马上拨通妹妹的电话，她说在衡阳，妹夫无大碍，明早就起程回来。我悬着的心才放了下来。哎，我目睹了太多的生离死别的事情了……

十四年前，娘舅的儿子，我的表弟，部队退伍回来自己买车搞运输，一次到衢州运水泥，在常山境内车毁人亡，撇下无业的妻子和年仅四岁的幼女以及年过半百的父母。

十年前，二叔的孙子，才四岁，坐在母亲的自行车后面，被卡车碾过胸部，不幸夭折。他父母至今感情上不能自拔。

五年前，我的好友，一天下午，在我办公室坐了很长时间，然后他到河里洗澡,我在农家乐烧了土鸡锅等他吃晚饭,仅几分钟时间,便阴阳相隔,生死两重天。

2007年5月,我生病住院动手术,老婆、女儿、兄弟姐妹等亲人流泪,七十岁老母担惊受怕,很是过意不去。

这一年8月,妹妹等四人,从江西吉安的企业回来,妹夫的外甥才开不了五十千米的车,因劳累睡去,车子撞击高速公路护栏,幸好,没有人员受伤。妹妹说还经常会从噩梦中惊醒。

2008年初,我们一起过了四五个"年"的好朋友,是个企业家,在江西和我们这一带赫赫有名,由于劳累过度猝死,留下偌大的企业、壮志未酬的事业,还有尚未理解什么是死的女儿和相濡以沫的妻子。

一个个鲜活的生命离你而去,撇下父母妻小,咋不叫人扼腕叹息?死者逝也,生者徒留伤悲耳!

我们要珍惜生命,关爱生命,善待自己,开开心心过好每一天;我们要真诚地对待别人,宽容地对待别人,让别人也能高高兴兴过好每一天。

愿做个弱者

2008 年 1 月 6 日晚 10 时许，妹夫在湖南衡阳境内出车祸了。妹妹得到消息后，怕我们担心，没有告诉我们，只叫了一个会开车的远房亲戚，趁夜赶往衡阳。等她到达出事地点，见到妹夫已经是午后了。妹夫只是左前额撞破，当夜在当地医院清洗、缝针、包扎，总共花费不过几百元钱。可一辆六十多万元的奥迪 A6，买来还不到半年，前部被碰得粉碎。因妹夫超速行驶，不当超车，造成追尾，因此，下午到交警队承担了全部责任，拿来责任认定书，并让金华 4S 店派车把破车拉回去修理。8 日，三人起了个早，从衡阳出发往回赶，途中，妹夫还争着开了两个小时的车，晚 7 时回到了家。

我们看到妹夫除头上包着块纱布外，整个脸面都淤肿，鼻梁也皮外受伤，因此，简单询问情况后，都为他庆幸，且建议他马上到医院挂盐水消肿。

到了医院，医生给他开了近四百元钱的药，当夜有四瓶滴水要挂。闻讯的亲朋好友都到医院探望他，把他团团围着，问这问那，嘘寒问暖。妹夫无不感慨地说："人，最幸福的时刻是生病时，我受了点轻伤，大家都来关心我；小时候，只要生病了，大人就会烧好喫的、买水果之类的，因此，总盼望着生病。"

回到家后，我们告诉女儿刚从医院回来，并把其姑父受伤的事情简述了下，女儿急切地问：头脑损伤到没有？我们说没有。她沉默良久，问我："爸爸，我有多长时间没有进医院过了？""我也不记得了。"女儿从二十个月开始每天喝半斤牛奶，吃一个鸡蛋，加上很小学舞蹈，身体素质很好，十三年来从未住过院，平时也难得伤风感冒，现在常常吹嘘，虽然在班里倒数第二大（年龄），但长跑全校女生第一。我问她为何有此问。她说，若生病了可以不上学。女儿休息后，我对老婆说，最近孩子学习可能压力很大，要多与女儿交流，多关心女儿的生活与学习，特别是生活，我们太早让她独立了，十三岁的孩子，毕竟尚小，还要呵护。

哎！在日常生活当中何尝不如此？我们看到那些地位、财富、技艺、职位以及相貌等等相类似的两个人，很难成为朋友。古语，一山不容二虎，也有此义。人性中都有同情弱者的一面。做强势的人，也有做弱者的愿望。毕竟得到他人关爱的人，是幸福的人。

采 药

答应过人家的事是要兑现的。

生活在浙西南山区的老百姓，由于交通不便，缺医少药，因而即使像母亲这样没有文化的人，也认得几味祛伤风咳嗽的草药。乡俗端午从五月初一到初五正午时，老百姓会根据各家人身体的热寒采百草配置端午茶，主要有防暑祛湿功效。这也非我们这里独有，最早农书《夏小正》中就有端午前后南方采百草防病的记载。另外，过去我们乡村家家户户都有一个用来存放各种柴根或草药的竹篮子，称"柴根篮"，一般小病劈点柴根，煎熬服下即可。

恢复高考制度前，一般人家是看不到希望的。俗语"读书无着，看病抓药；抓药无着，刖柴摘箬"。小时候身体弱，气管炎哮喘严重，无体力担柴种田。父母让我跟父亲的老朋友——一个游医郎中学中医，也像模像样地跟着学搭脉、看舌苔……可有始无终，不了了之。否则现在可能也是一个悬壶济世的老中医了。

三十年前，身体出现状况，术后母亲求得"仙药"服用，不把它当回事；十五年前，病情严重，手术后，自己开始重视草药的配合治疗，至今身体状况尚可。同时，也注意民间的草药医生和偏方。

也是好多年前，家里二哥还在江西那边的家族企业工作，肠胃不好，大小医院检查吃药不见效，当地一老者带他到田垄挖了一种植物，告诉他如何炮制、如何服用。问其药名，老者说是"神仙药"，他也是人家传给他的，只知道叫"神仙药"。家兄依嘱，顽疾治愈了。

最近，由于多种因素导致肠胃不好的人特多，前几年有几个好朋友为此所困。想起家兄处有单方，讨得炮制方法，试着给朋友采制，结果屡试屡愈，且还有美容功效。朋友一宣传，上门索药的人就多了。但采药是有季节性的，入冬以来讨药的，我答应过了端午就去采药。

端午一过，第三天 5 点起床，就顺着曾采过的线路寻去。也许庚子年之故，所到之处，看到的都是枯萎病魇之状，根部霉烂。四个小时下来也就一点点。

不过，答应过人家的事情，总是要兑现的，过几天再去寻找吧。

【之后，曾几次出门寻药，就是没有看见"神仙药"。即使有，也是"焦头烂额"的。】

五、玩转矿石

山上捡石头

2010 年 4 月 11 日是星期日，我依然 6 点左右起床，看看窗外，天灰蒙蒙的，下着瓢泼大雨。前天就有打算，要到一个名叫凹头的大山上去捡火山石。

十几天前，我在溪边拾到一块质地非常匀润、细腻，白中飘黄，密度很高的"石头"。我欣喜若狂，当即送到玉器加工厂，叫师傅给我雕琢一块"如意"佩件。师傅让我十天后去取，可我常常到厂里看看进展。前天晚上看到已雕琢的如意，我相当满意。师傅说，接下去是抛光，过三天左右就好了。昨天星期六，下午到溪边没捡到一块好石头，没了心情，早早收兵；可挡不住诱惑，直接到厂里，想看看"宝贝"。一到厂门口，老板迎了出来，第一句话就是"告诉你一个坏消息"。我说，玉"崩"缺口了？他说，被人偷了。我晕了，说这个贼骨头也挺有眼力的，就挑我这块。老板马上拿了三块雕好了的上等玉佩任我选一块，作赔偿。我说算了，我仅花点工夫在溪边捡来的，你也不是故意的。他再三说不好意思，并同我说，我捡的料子，凭他的经验，感觉有点与凹头的火山石中玉化的一层相似，让我去凹头碰碰运气。因此，我决定今天去看看。

到了 8 点钟，等不到雨停了。我先到商店买来雨衣雨裤，到早餐店吃下一大碗的拉面，然后驶向凹头。凹头这个地方，我五年前去过。那时村民疯一般到村后山顶挖掘火山石，他们将表皮呈红色、像珍珠玛瑙的火山岩搬回来，然后按大小百十元、万千元卖给奇石爱好者。一朋友的亲戚在凹头村，挖来一块火山石，有人出价八万元，他要卖十万元，让我去"掌眼"，把把关。我去看了，这块火山石除颜色较鲜艳、块头较大外，没有什么奇特的，质地也是石英质。我私下对朋友说，不要说八万元，八千元有人要就可以马上卖掉。几年后我问朋友，这块石头后来怎么处理了，朋友说三千元卖的。

到了凹头已近9点钟，看见一个小伙子，说明来意，问上山的路怎么走。小伙子很热心，告诉我，火山石已采完。我告诉他，我捡的与你们先前挖的是不一样的，我捡的是你们剥落下来不要的那一层。他说，上山的路很难走，又是下雨天，又是一个人，不仅路滑，而且常常有野兽出没，特别是野猪很多，不安全。我心意已决，穿好雨衣、雨裤、雨鞋，找了一根竹子，根据小伙子的指引，向大山进发。

上山的路，其实不是路，也算不上羊肠小道，只是流水冲刷过没有长出狼衣（蕨），有点痕迹而已。爬不了几步，就看见水沟旁有被遗弃的火山石，捡起来看看，质地蛮不错的，洗干净，放在有"叉路"的地方，好下山时拿回来，同时做个记号，不至于迷路。大约爬了一千米的路，看见一堆绿绿的小石子，捡起来一看，质地非常好，称得上宝石。因不是红色，被村民砸碎了，十分痛惜，尽量选了两块可以做挂件的放在旁边。这样，边走边放，又爬了五百米左右，已看不见村庄了，旁边的植被也换成乔木，山腰以上笼在云雾里，雨还是下个不停，里面的衣裤是汗是雨早已分不清，眼镜被雨水、汗水、身体散发的热气淋蒙着，十米以外看不见东西。这时，"路"更滑更陡，只能拄着竹棍、抓着旁边的灌木才能向上爬行，"路"边也没有火山石，好像进入盲区；偶尔看见一个烟头、一个矿泉水的空瓶子，知道方向没有错。这样摸索前行了一点五千米左右，树开始稀疏，也矮去了，天稍亮了起来。大约11点钟，在一个山坳里看见一片不毛之地，约三亩地，上面堆满松土，松土上面遗弃着火山石，一派被掠夺的狼藉惨象。

火山石在雨水的浸泡下，显得格外艳丽，或白得像雪，或红得像火，或绿得像竹，或黑得像墨。我从下往上"之"字形爬行，捡起石块端详，或随手丢弃，或放在一边，约莫半个小时，到达村民挖掘的地方。

被挖掘的坑离山顶尚有一点距离，如瓶子的瓶颈部位。坑约长二百米，宽四米，深度从一两米到十几米，横截面用松树段撑着，看上去像硬生生把地皮撕开一条裂缝。裸眼所见尽是黄土和被雨水冲刷欲塌陷的裂痕。我打消下去探个究竟的想法，回到堆积着被村民遗弃的火山石的地方。当年，村民只挑选火山石的表层，他们用凿子剥去火山石的皮，将其他的岩层丢弃。我开始挑选我认为可以加工成玉佩的石头。不一会工夫，我已堆放三堆石头和认定可以拿回去的两块比较大的火山石。

我用带去的文件包（布料）和两个塑料袋套在一起装满石头。留下两块较大的火山石，采用滚石头的方法往山下滚。袋提一阵子，滚一下石头，再提一阵子，又滚一下子，这样交替下来。

起初还好，袋子结实，两手提着袋包，边提边滚。大概下了四分之一的路程，到了悬崖峭壁，被滚的石头常常钻进灌木丛中，几次失而复得。到了三分之一的路程的地方，其中一块被滚的石头，钻进山坳失去踪影，任凭怎么寻找都无济于事，虽然觉得遗憾，但只好放弃；同时，由于火山石锋利，加上下山的撞跌，两个塑料袋已破损，石头往下掉，无法再提。

站在半山腰，该怎么办？或丢弃部分战利品，或分两次拿下去。丢弃，心不甘，舍不得；分次拿，日逾午，不可能返回山上再拿。没办法，只好将文件袋里的石头里倒出来，把靠滚的那块石头装进去，旁边塞满小石头，把雨衣脱下来，将余下来的石头打包，用竹竿穿着，挑着下来。"路"滑，又陡，只得牵着旁边的植物慢慢移下来。

一袋一包不重，二十五公斤左右。俗话说"长路无轻担"，还没有到二分之一的路程，两边的肩膀已是疼得焦裂，走不了三步，就想换肩膀，只能放在两肩的中间，驼着背跌跌撞撞下山来。哎，想当年，挑着一百五十斤的柴火，也没有今天吃力过。

上山时捡的石头，放在路边，雨淋后更加光彩夺目。可我挑着担子，力不从心，无暇顾及其他了，心想下次再来捡了。

到达村庄，已是下午1点多了。全身没有一处干净，可收获还是颇丰的。

【这些石头"猴狲洗儿"样搬回家后，晾干。颜色慢慢褪淡，里面的"棉絮"不断显现，最后确定是不能加工产品的蛮料，只好又搬到大溪扔掉。】

心随景变

2008 年 1 月 13 日星期日，我照常早起爬山晨练。天色蒙蒙，老婆播报（昨天她在气象局值班，报天气预报）高山地区有雪。11 点多，老婆说买了点熟食，一起回去看看父母吧。一家三口由我载着，不到半个小时就到达十五千米外的岳父母家了。岳母家最抢眼的还是堆放在门前花园里的那堆石头。

今年正月（阴历 2007 年正月），和往年一样，我们一家初二到岳父母这里，初八才回去。对老婆来说，是真正的回娘家了，结婚十八年来，年年如此。老婆的所有亲戚，大多集中在这里，我们从初二开始挨家挨户一直吃到初八，才做完客。自从去年以来，我不怎么喝酒，特别是家酿酒，更是不喝了，因此，做客也是应景坐坐而已。今年初三，天气晴朗，10 点来钟，老婆孩子还没有起床，闲来无聊，到村边河沿走走。

岳父母这里，东、北、西三面环山，南接平原，一条河流从北面由西向东流过。山是名山，有万寿山、狮子山等，相传乾隆皇帝游江南时，曾驻跸此山。水是好水，是瓯江的主要支流，过去，温州的南货就是经过这条河流航运到这里，再挑往衢州、兰溪等内地的。可如今，处处截流建小水电站，大小河流常常断流。没有水，就失去灵性了。基础设施建设，需要大量沙石，大河小溪就成了沙石料场，到处停着采砂的机器。无序的开采让河床面目全非。我走到沙石料场旁边，看到有块四十厘米见方的石块，表面虽沾满泥巴，但颜色绿绿的。我感到好奇，就把它捧到水坑里一洗，原来是块带皮的细蜡石，质地非常细腻。大喜过望，不管脏与否，就把它背了回来。接着，又返回到沙石料场，爬到废弃的大石块堆里，由于心情非常好，看看这块是水冲石、那块是木化石，这块形状像什么动物、那块图文像什么花鸟。等亲戚喊吃中饭时，被我选中的石头，已经一大堆，靠我背是搬不回来了。

哇了中饭，我让岳母给我雇了一个民工，用畚箕挑。三百米左右的距离，五元钱一担。我花了一百二十元钱，民工挑了一天，石头堆在岳父母家的门前花园里，大家进进出出第一眼看到的就是这些石头。

以后多次到岳父母家。心情好时，这些石头看上去块块有特色、有价值；心情不好时，这些石头看上去块块是蛮岩，连砌墙脚都没用，一文不值。

哎！多少人能做到"不以物喜，不以己悲"呢。

【2012年岳父去世后，妻弟说改造庭院，这些石头我让他随便使用就是。有的做了盆景，有的做了护栏，我只搬回来一块石头。】

拾遗之趣

不知是从什么时候开始，我们这里的人们开始玩起石头来的。起初，人们捡的是黄蜡石中色黄形异供观赏用的奇石。后来，有人把黄蜡石中的细蜡冻拿去加工，雕刻成手把件、摆件或挂件，因质地细腻、色彩丰富、均匀缜密，经专家鉴定，属于玉石。前年《鉴宝》栏目组的专家看了我们的细蜡冻后，竟把它当作田黄石。从 2009 年开始我们这里的捡石头大军就偏爱细蜡冻，其价格也是一天一个价，飘红的细蜡冻已超过黄金的价格。

2010 年正月，由于搬入新房子，离早上爬山的山远了，而房子离我们的母亲河松阴溪近，因此我每天早上爬山锻炼改为捡石头了。之后，一发不可收，以至于到了痴迷的地步，风雨无阻，天天到场。也使我从一个门外汉（虽然之前玩玉），一下子成了石头界的行家里手。

捡石头有三个场所：一个是挖掘机挖掘现场，一个是汽车堆料的料场，还有一个是筛场。或盯着挖掘机的斗，或跟在汽车的后面，或守在筛机旁。只要机器一响，马上围过来一二十个专业捡石头的人。我们这里专业捡石头的有五六十个人。到 2010 年，好的已有二十几万的收入了，其中一个绰号叫"大学生"（没有扩招前的大学生）的，捡了一块黄色的细蜡冻，说没有一百八十万不卖；捡得少的收入也有三五万。我八个多月捡的石头亦不少，但没卖过一分钱。我捡的是身体，捡的是个过程，只雇人加工起来送送朋友，其乐融融。

虽然大家都是专业捡石头的人员，但也常常会走眼，闹笑话：老张是个领军人物，"拾"龄长。一天，在堆料场里，车子刚卸下砂石料，他就冲上去，找观赏石（就他现在还是捡观赏石的），没有找到，就站在那，没有马上走开。旁边的小唐看见老张踩着一块细蜡冻，左等右等老张不挪动，最后让老张抬一抬脚，给他五百元。还有，小杨，屁股坐着一块细蜡冻，无动于衷，站起来拍拍屁股走开，被人家捡去，用两千元赎回来。更有撒泡尿，撒出块细蜡冻；跌一跤，捡了块好石头的。趣事多多。有一次，我在筛架底下捡了一块白白的、轻轻的、质地细密的东西，用铁钉一划，纹丝不动，我知道是琥珀，一旁的人们傻眼了，他们以为是塑料，后悔莫及；又有一次，我是下班后去的，许多人守在筛架下，我走到石头堆里，看见一块异样的石头，用水一冲，一块五六斤重完全玉化的硅化木。我捡起来就往回走，他们说连这么好的石头都看不见，叫我五千元卖给他们，我说不卖，回家喝酒去了。

不过，捡石头也危险，并且是抢宝贝（钞票），会产生矛盾。还好，目前，这两种情况还没有发生，但愿，永远不要出现。

心 结

2010 年 12 月，一捡石头的朋友告诉我，他姐夫（开工程车的）捡了一块木化玉，没有十万元不出手。一天，我约了他，又邀上几个行家到他姐夫那看看石头。石头高四十厘米，直径三十厘米，四十千克许；有树皮，树心霉烂状，窗口部分呈绿色，玉化程度高，在手电照射下，通透。大家都说是个好东西，就是价钱高了点。我看了以后很心仪，对朋友说，姐夫出让这块石头之前请告诉我一声，朋友"诺"。

半个月前，我到衢州买石头，因车上只有三个人，我打电话叫上这个朋友，一同去衢州看看石头。路上，我问起他姐夫那块木化玉；他说现在姐夫急于出手石头，准备换部车子。有个人先出价三万元，后来砍到两万五千元，可他姐夫咬到三万五千元不松口。我心想，这是我的心理价位，就说回去后与他姐夫谈谈。

上个星期五（也就是 2011 年 3 月 18 日）晚上，我让他陪我到他姐夫家，商谈买石头事宜。他姐夫出门去了，只留做不了主的姐在家。我又掏出随身携带的小手电（照石头专用的）把那块石头上上下下照了个遍，相当中意。回来路上对朋友说，明天由他出面与他姐夫说，可以便宜一点就便宜一点，若定要三万五千元，我也要定了。

第二天晚上，女儿回来吃饭，我在家多烧了几个菜，还没有开饭，朋友来电话了，说原先想买的那个人，已拿了三万五千元现金在他姐夫家里要买那块石头，不好推脱；若我要，只能加几千块钱，好让他姐夫有话说。我第一感觉，这里面有猫腻，就含糊答应着。他说他姐夫想叫我去一趟面谈，我借口出差在外。过一会儿，他又来电话，说那个人三万七千元也要，问我还加不加。我说我一直没有说加过，卖给那个人就是了。再过会儿来电，说他们已成交。我"嗯"了一声，搁了电话。内心十分沮丧、惋惜。

星期二（3月22日）晚上，我与朋友到乡下看古董回来，时间尚早，打了个电话给买了那块石头的人，说到他家看看石头。他家里除了石头还是石头，乱七八糟摆放着，可就是没有看见那块木化玉，问他去向，他说给娘舅背去了。前天晚上，我还惦记着那块石头，就转到他娘舅那儿，看见石头摆在显眼的位置。可石头已失去原有的灵性，干干的，乍一看怀疑不是那块石头。像现在这样子，一万元也不值，庆幸自己没有冲动，一直纠结着的心也随之舒缓过来。

转转石头市场

2010年阴历正月开始，我迷上捡石头。只要有空余时间，不管天晴下雨，穿上高筒雨鞋就到松阴溪（我们的母亲河）旁捡石头。

一开始，只要是蜡石，就都把它捡回来，宝贝似的，常常整一蛇皮袋背回来，还拿给这个那个看，捡到好东西了。内行人一看不置可否，转身而去。我捡的石头有两种：一种是料子，包括细蜡冻、玛瑙、木化玉、玉冰冻等；另一种是观赏石。若是料石的观赏石，那价位就不得了了。大半年下来，我的鉴赏能力不断提高，可看得上眼的石头越来越少了，时常空手而回。同时，对以前捡回来的石头重新审视，只有一两块勉强可以玩玩，其他的归还给大溪。

也是从这年开始，邻近的衢州，孔庙公园广场开设了石头市场。每个星期五的晚上，来自全国各地，特别是江西、云南、广东、浙江的石头贩子在一个较大的宾馆的三四两层房间里摆开石头，与来自各地的石头贩子、石头爱好者进行交易。星期六凌晨四点钟，就开始在石头市场买卖石头。大家打着小电筒，人声鼎沸。"一块""五毛"，讨价还价。行语"一块"即一百元，"五毛"即五十元。

我亦常常跟着开石头店的老板到浙江衢州、江西鹰潭等地看石头、买石头。那年间，"两块"以上的石头就算不错了。我一般选择小料子，或带赌性的石头，几"毛"或小几"元"的。一般也就星期五下午下班去，到衢州随便咥点东西，晚上8点左右打道回府，到家10点左右。也没有多久，市场就开始萧条。2012年后，市场就转向金华，在飘萍路八一广场那里。我们这里距离衢州、金华路程差不多，但到衢州可以全程高速，而去金华只能走省道了。时间拉长，一般要两个小时左右。起初，也学衢州，星期五晚上放在宾馆，星期六放在市场。后来由于其他地方的石头市场萎缩，因而金华市场独大。这样，大家把星期五晚上的交易都改成星期六一天，星期天半天，一直到 2017 年左右。再后来，金华的市场也慢慢萎缩了。现在石头市场门可罗雀。

早先，我把买来的带有赌性的石头不管三七二十一，拿到"大学生"（一个捡石头的朋友）那破开，是料子就留下，不是就随手扔掉。后来，人们开始转变玩风，原来"三五毛"的细蜡，一下子翻十倍。只能拍大腿，后悔！吸取教训，以后买来的石头再也不轻易破开了。

从 2010 年开始捡、买黄蜡石开始，到现在已经十多年了，我是"牛草瘪"，只咥不拉，一直囤积在家里，一块石头也没有交易过。因此，我对石头只是玩个兴趣。

六、难忘朋友

执　着

2007 年 12 月 13 日上午，我的一位好友送我一本他刚出版的诗集，说给我惠存。

我这好友，大学毕业，年逾不惑，工作二十多年，高级职称，爱好文学，时常发表诗歌、散文，写得一手好字，擅长摄影，通小提琴、二胡、笛等乐器，颇有才气。为人豪爽，遇事乐观，朋友一起，唯其笑声最响最频，不管多少尴尬事，常在"今天天气哈哈哈"中熨平。可平生有一事很是执着，那就是作诗。

朋友写诗源于爱意，大学时代正是多情少年，大二时遇一大一女生，丰满、热情，又是同乡、同专业，很是爱慕，暗恋多时，苦于无从表白，为伊憔悴，辗转反侧，最后决定写诗吟唱，抒发郁闷，表白爱情。起初一天一首，装在信封里写上女生姓名，到传达室趁人不注意塞到女生所在班级的信箱里，以后一天一首不过瘾，就一天多首，从此一发不可收，诗也越写越长，越写越好，常常有佳作发表于校刊和校外的报刊上。这样大约前后半年，朋友春风得意，心情舒畅，人前马后吟诗咏唱。直到有一天，女生的男朋友，将同班的另一男同学的书扔到厕所里才警醒，原来女生读大学前，已经有男朋友，并经双方父母钦点同意，两人考入同一所大学、同一专业、同一班级。我朋友写给女生的诗署别名，女生收到诗歌交给男友，男友读了诗后，看诗歌写得好，才华横溢，自愧弗如，醋意大发，怀疑是同班一男同学所为，先是警告，男同学直喊冤枉，不承认。男友气不过，偷偷地将"第三者"的学习用书扔到厕所里，男同学失书后，向校保卫科报案，科长是个老刑警，很快侦查到书在厕所里，虽怀疑是女生的男友所为，但没有证据，故不了了之。扔书事件发生后，我朋友情绪低落，时而拉拉二胡，时而吹吹笛子，时而拉拉小提琴，打发惆怅，这些乐器演奏的水平也是这个时期练就的。

过了一年，他的眼睛又现情彩，原来在一年级的新生中，他又锁定了一个女生。该女生清纯、秀气，一副天真烂漫模样，能讲一口正宗的同乡土话。我朋友十分中意，诗兴大发，一天一首或多首，"故伎重演"，可女生没有反应。后经了解，女生也已有男朋友，其在北京读书。我朋友不死心，还是天天给她写诗，直抒爱意。直到毕业，那女生还不知道是我朋友写的诗呢！

工作后不久，朋友找到了新目标，他们从相识到相知，到相爱，到结婚，到生子，每个过程他都作诗留念自娱。二十多年来，他虽没有再为别的女人献过诗，但作诗的情愫却一直保留下来，而且很执着，每逢亲朋好友结婚、乔升、别离、去世等，他都会赋诗致贺或寄托哀思。

最近，他把诗作筛选、整理，编成世纪诗集，正式出版。诗集记载了好友前半生的人生轨迹。

生　活

　　2008 年 1 月 5 日，早上爬山晨练下来，没有回家，看看离上班的时间还比较长，便到一家拉面店咥了碗拉面。现在什么都涨价，唯独拉面还是原来的价位。不过，量和料比以前少得多、差得远了。

　　吃罢，回单位上班。在政府大院门口的一家快餐连锁店前，碰到了二十年前一起教书的老同事。老同事身穿破旧的皮衣，戴着袖套；裤子是灰色的单裤，皱巴巴的；皮鞋沾满泥巴；骑着一辆残缺不全的女式踏板摩托车，车后载着一箱鸡蛋。他是给连锁店送鸡蛋来的。看到我愣了一下，似乎有点尴尬。寒暄一下，就端起鸡蛋送店里去了。

　　老同事师范毕业，一直在山区的区级中学教书。1987 年，我大学毕业分配到这个学校教书时，他已经成家，爱人是在学校隔壁的一座村小教书的老师，我们管她叫"夫人"。他们有个女儿，七岁，在区小上小学。他们夫妇俩待人热情、真诚。我住他们的房间斜对面，与他们关系相处得很融洽。我在学校的三年，大多是他夫妇俩给我蒸的饭。他们自己种菜、自己烧菜，家里不管咥什么都叫上我。我成了他们家庭中的一员。老同事是乐天派，会许多乐器，又有一副好嗓子，走路、烧菜都会一展歌喉，用高音唱着动听的歌曲。"夫人"比老公高挑，蛮漂亮的，父亲是老干部，家庭条件也比较好，因此，常常会撒撒娇、耍耍小性子；老同事就扮起"小花脸"，不避众人，哄起"夫人"来。"夫人"就眉开眼笑，二人和好如初。不久，他们在老同事的老家建起了房子，小日子过得挺滋润的。

　　1990 年秋，我调到机关工作，老同事到另外一个学校当校长去了。再后来，他停薪留职与朋友一道搞养殖，没赚到钱；但夫妻俩还是很乐观。他们说现在生活在城里比山区好多了，加上女儿读高中，成绩也不错，经济困难点，很快会扭转的。六七年后，我还在乡镇挂职锻炼，突然接到"夫人"猝死的噩耗，怎么也不敢相信这一事实，扼腕叹息不已。老同事苍老了许多，再也没有听到他的歌声了。他独自培养女儿上大学。再过几年，听说老同事重新组成家庭，老伴是经营禽类产品的，可我一直无缘谋面。又过了几年，听说老伴得乳腺肿瘤动了手术，花完所有的积蓄。现在，老同事已年过半百，一方面在学校搞后勤工作，另一方面起早贪黑给各餐馆、饭店送鸡蛋为老伴的治疗赚点小钱。

唉！什么是生活？甜酸苦辣就是生活。

有朋自远方来

这几天（2008 年 4 月上旬）放下其他事务，忙着"抗损"课题调研的最后分类、统计工作，好赶在出差之前，把这项工作搞出头绪来；即使要好的朋友来，叫他们自己沏茶、抽烟，我也没时间陪聊。可昨天（4 月 9 日）中午，接到一个从千里之外回来的朋友的电话，我说今天请他咥个晚餐，一起叙叙旧。

朋友与我年龄差不多，1982 年，我插班与他一起学习、参加高考，此年我们名落孙山，于是我们一起补习。朋友的家在大山区，来回的路都靠步行，还有著名的"楼梯夹"，一步一膝盖。朋友家中兄弟姐妹多，自己又是老大，经济很是困难；我的家在学校旁边，那时生活条件不算好，但粮食自给有余，因此，许多同学常会咥住在我家。这个朋友就是其中的一个，且时间较长，有时他的父母到城里赶集，也在我家歇脚。

1984 年，我俩考取同一所学校，他学英语，我学中文。大学期间，我忙于学中文，又参加司法部的律师函授课程，后来两个专业都以优异的成绩毕业。朋友却忙于结交女同学，不知哪一轮，他与"公师班"的一个宁波的女同学对上了号。女同学是校花，婀娜苗条，人称"林黛玉"；而朋友自己长得不咋地，走路时肩膀一边高一边低像劲风吹着，两人在一起可谓"瘌痢配小旦"，大家或投以羡慕的眼光，或报以嘲讽。朋友为了维系两人的关系，到处借钱，拆东墙补西墙，直到最后一个学期，两人以分手告终；我却遇到了女朋友，就是现在我的妻子。

工作后，朋友马上与一个农村姑娘结了婚，不久有了女儿。朋友好来事，三年两头换工作单位。1990 年，我进机关，他心又火热，赶这赶那，三年后他也进了机关。他就申请到一个偏僻的乡当乡长助理，他的妻子也到乡里做文化员。两年后回到机关，他又折腾着开快餐店什么的，却遭遇了大火。

1999 年，朋友辞职，孑身到广州、深圳搞广告业务，几年后，把妻女也带到身边；现在女儿二十一岁，已是大学生了。朋友说，最近几年在深圳的机关部门办公室工作，工作稳定也轻松。这次打上海回来，就是了解行情，想办公司。二十七年过去了，朋友的习性一点都没有改变。

我劝他说，都老大不小的，稳妥点好，再说你也不是办公司的料。他嘿嘿笑笑，我知道他是不会听我的劝告的。不过真要办公司，也不是简单的事。

我的兄弟姐妹们

我从 2007 年 11 月 5 日开博客，在这看似虚拟的网络里，结识了一些兄弟姐妹，常常在荧屏的两端"见面"，彼此牵挂、不忘问候，增添现实生活中所缺乏的关爱和温馨。至今已十三年了，虽然大多没有谋面，但有的目前尚保持着联系。现在，根据我所了解的，给予简单描述，并以代号称之，以免他人对号入座。

No.1

她自称是快乐、知足、简单、低调、平和的小女人。生长在中原大地，有着黛玉般的美貌。曾在剧团学习、工作，后放弃，不顾家人的反对与钟爱的小伙子结为伉俪，从此开始简单、快乐、平和的相夫教子的生活。2008 年儿子初中毕业，自己在超市工作。虽不富裕，但很知足。她最大的心愿是儿子能够身心健康成长，将来学业有成。届时，自己也可以做喜欢做的事业。2007 年的上半年，我女儿给我开通了一个 QQ，我与她是在那时认识的，是她第一个叫我一声"大哥"，我很珍惜这个称呼。10 月底，她建议我开个博客，好可以随时进入她"家"看看，于是，我让女儿给我开通博客，沿用"闲时乐着"，这样，才有后来的兄弟姐妹。我只要打开博客，不管迟早，都必须进入妹妹的家园逛逛，问声好，道声安。

现在，她儿子大学毕业，也成家立业了。

No.2

我的兄弟，从农村来，经过拼搏，大学毕业后到六朝古都这样的大都市工作。人长得很精瘦，但很干练，是著名的"驴族"，喜欢徒步旅游、登山探险，掌握高超的摄影技术，爱好广泛，志趣恬淡，能从平淡的生活中找到属于自己的乐趣。有个美满的家庭，太太贤惠，儿子高中毕业，像父亲一样有艺术天赋，在考美术类专业。自从我们称兄道弟以来，我们经常串门，彼此认真研读对方的博文，然后开诚布公予以点评。

后来，兄弟与弟妹曾到我这里采风。现在他的儿子亦已成家立业。

No.3

我的这位兄弟是兼同事的。他来自江浙的大山深处，一路拼搏，从乡镇的招聘干部干起，一步步走上领导岗位，最后落脚城里。兄弟为人忠厚，待人诚恳。虽然说话声音不大，看似胆小，但办事却认真、雷厉风行。兄弟是受我影响开的博客，写得一手好诗，擅长散文，爱好摄影。因常常来串门，带走了我好几个姐妹。兄弟埋怨，他的家园冷落，门可罗雀。我说是兄弟太忙，没时间打理所致。

我们常常电话联系，也常常见面。

No.4

这个妹妹是自家妹妹，是我们老洪家的一个妹妹。妹妹出生于六朝古都，举手投足尽显大家风范。家中兄弟姐妹五个，她居中。她处于外婆不疼、舅舅不爱的尴尬境地，但她有自由、幸福的童年和少女时代。成为人妇、人母后，凭着勤劳的双手、任劳任怨的美德，负责全家大小的生活、家务。空余时间妹妹喜欢融入大自然，拍一些花花草草。人们常说不幸的家庭各有自己的不幸，妹妹也有自己的愤懑和彷徨，常常写写诗歌发泄郁闷和无奈，她写的散文透着朦胧和淡淡的哀怨。妹妹说现在可以直面人生了，同时敬告大家：爱失去前要珍惜。后来也寻得幸福。

现在，是一个快乐的外婆。

No.5

我的这位老兄是20世纪60年代初生人，正好是国家困难时期，从小经历苦难，初中毕业后，回家务农，之后到海南岛向袁隆平学习杂交水稻制种技术。改革开放后，穿鞋改行，回到老家浙南沿海商贸城市，进入机关单位工作。老兄身材不是很魁梧，脾性却不小，也许性格使然，命运不济，人生少有得志，常常牢骚满腹，好在生养了一个出类拔萃的女儿，是他的资本和骄傲，加上老婆贤惠，自己也有一官半职，比上不足比下有余，心里也平衡些许。老兄嗜好烟酒，体贴夫人，勤做家务，是个好男人。

我们曾经一起喝过酒，现在在颐养天年。

No.6

我的邻家妹妹，虽有着凄苦的身世，却也有幸福的童年生活，她从大山中走来，收获着比常人多一倍的父母关爱。大学毕业后，成为辛勤的园丁，从夫婿的姓氏看似乎来自畲乡，与她一样，有着受人尊重的职业。有个可爱的小宝宝，是他俩的希望。重复而紧张的工作，冲淡了生活的激情。可这位妹妹最大的优点就是自我调节能力强，把不愉快的事一下子转化为乌有，我的姐妹中，数她乐观、开朗。她也会找乐子，今天忙着学游泳，明天忙着逛街购物，暑假还要去学开车。

现在儿子已是个初中生了。虽然以前是同一个县的人，却至今没有谋面。

No.7

她来自金衢盆地，上有哥哥、下有妹妹，有着快乐的儿时生活，像个小男孩，爬树、捉鱼、捅蜂窝，养就了妹妹大方、开朗的性格。学生时代，是在母亲的强逼之下完成学业的，以致现在还常常念叨，没有母亲，就没有今天的职业。这个妹妹是我所有兄弟姐妹中知道她较多信息的一个。平淡无奇的生活，不免心生萌动，但妹妹能从购物中悟出"放弃"也是一种选择，本不属于自己的东西，那就放弃吧。抚育着女儿，一家人过得还是有滋有味的。

现在女儿读大学，自己安于现状。

No.8

我曾对妹妹说，现在已进入夏天，雪融化了。妹妹说，是啊，可心有所牵挂，在某个风雪的冬天，发生了美好的事情，值得怀念。妹妹从湘西来到所谓的天堂，并拥有一份令人向往的工作，虽然是中介机构，但却旱涝保收且收入不亚于白领阶层。妹妹外表靓丽，身材妖娆，夫君优秀，对其疼爱有加，且有个刚上小学的人见人爱的宝贝女儿。也许是工作繁忙，也许是夫妻分离的时间较长，妹妹常常独守空房，加上女儿的寄宿，有时会感失落、彷徨。妹妹说，也许是身在福中不知福，以后会倍加珍惜的。妹妹性格豪爽、为人大方。

现在，女儿已经读大学了。她是我联系较频繁的一个妹妹。

宁夏红

"宁夏红"不是广告中的枸杞酒，是一个女子的代号，是我的一个宁夏妹妹。

（2006年10月29日）星期日的晚上，我带着几个朋友到萧山拜访劳主任。劳主任是我的老朋友，2005年，我们在北京学习的时候又同住一个房间，之后更增加了往来。晚餐，主人盛情款待。劳主任自己酒量不甚好，邀了一个好酒量的银行兄弟作陪。与我同去的朋友，酒量也不是很好。这晚我与主人都要尽兴，葡萄酒两三瓶对我来说没问题；可劳主任稍微多喝一点，本来就幽默的他，话匣子就此打开，天南地北地聊。其中，提起在北京学习那段时间。他说，正好要提拔，组织部让他赶紧回来谈话，只得趁夜飞上海回杭州。其间，也不免提到"宁夏红"，并与她通了电话。

2005年8月，中央党研室举办培训班，各省区市派两到三人，全国八十来号人会聚军事学院，进行为期三个星期的理论和业务培训。东南沿海（浙江、福建、广东、广西）与西北内陆（山西、陕西、宁夏、内蒙古）分为一组，二十个人左右。我们的讨论、活动大多是分组进行的，因此组员间一下子就相互熟悉起来。

"宁夏红"一米六多的个子，圆润的脸庞，匀称的身材，含情的明眸，活泼的语言，很快与我们打成一片。我们得知她来自塞北江南的中卫，有个幸福的家庭，先生是位教师，儿子上初中。

我有个习惯，每到一个地方，晚上不管多迟，都要出去吃夜宵，尝尝当地的特色小吃。起先约富阳的老张陪我一起吃夜宵，老张好酒量，我们喝着北京的二锅头，品尝着北京的风味点心，蛮惬意的。后来又邀住隔壁房间的宁夏红与我们一起出去吃夜宵，再后来，劳主任也参与进来。二十来个晚上，北京西城的大街小巷，特别是一些开在旮旯的小吃店，我们都光顾了一遍。宁夏红起初矜持，说自己不怎么会喝酒，常常浅尝辄止，后来熟悉了，慢慢放开了酒量，并道出了对酒的研究，知道什么酒好喝，什么酒口感不好。这样，我们白天一起学习，晚上出去吃夜宵，关系也就更加密切了。她改叫我为"阿哥"，我管她叫"阿妹"。在培训中间休息的日子，我们一起去承德避暑山庄、北戴河、天津新港等地逛了逛。临结束前，她拿出钱，说总共用了多少，她承担多少，我们说是我们邀请她去的，不需要她付钱。她执意要付，并扔下一句"人穷骨不穷"。我们愕然，虽觉得她用词不当，但只好先收下钱。

临别的头天晚上，我们选择了离军事学院近一点的小吃店，准备来个通宵。可离别的气氛沉闷，喝不了几口，宁夏红就开始哽咽，满脸婆娑。我们一直在劝，对她说还会有相见的日子的。她就强作欢颜，端起酒杯，"哥，干了""老张，干了"，咕噜噜一杯酒就喝下去。怕她醉，我们赶紧叫老板换低度的酒。她不让，说可以喝两斤二锅头。我与阿妹说，今晚就算告别，明天结业典礼之后，大家收拾行李各自回去，不要再打招呼，以免徒增伤感，她说好的。这一晚我们喝的酒多，说的话反而少了。可第二天下午分别的时候，宁夏红一定要与我们告别。我们把号啕大哭的她强行拉上出租车，送往机场。当年的10月，我到宁夏考察，曾到过中卫，是个好地方，与我们江南没有多大的差别，从中卫出发到贺兰山、沙湖的车上，我告诉她到过她的家乡考察，蛮好的。她又带着哭腔，你不回来我就不认你这哥了。我说下次特地来看望她。

分别后，常有短信问候，并注明"阿妹"。老婆看到了，说多俗。我说北方人多这么叫的。不过被老婆说俗，心里不痛快，故改为"宁夏红"。

痛失朋友

2007 年腊月十八，再过十几天就过年了，可年怎么过、在哪里过还没有最后确定呢。

五年前，我们四个要好的家庭，一合计，说一起到酒店过年好了，就这样或四家或三家或五家在酒店过了五个年。

今年（2007 年）初，一起过年的一个朋友，由于劳累过度，突然离世，撇下读初中的女儿、相濡以沫的妻子和年迈的父母。我们莫不扼腕叹息。现在，年关将近，我们左右为难，是否还与朋友的爱人、孩子一起过年。若一起过年，她们触景生情，肯定会勾起她们对亲人的怀念，往年大家都是一起高高兴兴地过年，今年单独少了朋友，我们看到她们悲伤，心里也肯定不会好受；若不一起过年，她们也肯定会回想往年大家一起过年的热闹情景，人去楼空，也显得很悲凉。哎，只叹朋友英年早逝。

1988 年，我老婆（当时还是女朋友）大学毕业后，被分配到城郊的一所中学教书。学校不大，坐落在一个大村庄里，因此，与村民接触得较多。其中有个要好的伙伴就是年龄相仿的一个小姐妹。小姐妹哥哥在林业部门工作，农忙时常常回家帮助父母干些农活，因此，也就认识了我们，和我们成了朋友。他说他是看着我们恋爱、结婚、生小孩的。后来，体制改革时，朋友创办了企业，并且，随着业务的扩展，到江西的景德镇、萍乡等地也办了厂。朋友身材魁梧，平时留着小平头，看上去精力充沛，说话手舞足蹈，始终保持乐观的态度。朋友有胆有识，办事果敢，每年过年，他都讲他的宏伟蓝图，听得我们羡慕不已。朋友讲情义，我种植的橘橙"天草"，都是朋友拿去送人的，省了我不少销售的力，也给我赚了点钱。虽然朋友不言谢，可我老婆嘴里不时挂着感激的话语。谁能想到，一起过了年，不久，得到的却是朋友去世的噩耗，看到的只是朋友冰冷的遗体。不要说妻女、父母，我们也一下子承受不了，难以接受这个事实。死者逝也，徒增生者悲耳。朋友安息吧！

我叫老婆去征询朋友爱人的意见。她考虑后说，还是和女儿与亲人一起过年吧。

那么，我们也要考虑在何处过年、与哪些人一起过年的事了。

悼念毛培林老先生

2017 年 3 月 6 日晚，毛（培林）老师撒手西去，享年八十六岁，算高寿了。

三十七年前（1981 年）的秋季，懵里懵懂的我，与一个文静、戴着眼镜、操着外地口音的少年坐在一起，噩梦般地去挤高考的"独木桥"。那时，我们不足十七岁。不久，获悉那少年叫小草，姓毛，父母都是老师。小草白白净净，我黑黑瘦瘦。我家在农村，小草常常抢着帮我蒸饭，洗饭盒，没半点怨言。两年后，小草进了税务部门，他的妹妹也排上挤独木桥的队伍。在这时，我还不认识毛老师。

三十年前，我大学毕业，也成为一名老师，分配在毛老师曾经任教过的学校。那时，毛老师已经退休，开始第二春，从事史志编辑工作，可我还不认识他。三年后，我到机关工作，与在税务部门的小草交往就频繁了，慢慢地与毛老师熟络起来。后来，小草调入政协机关，写诗歌、小说，结婚生女，我与毛老师都见证了这一切。

二十年前，我从机关到乡镇挂职锻炼，后又调回机关，开始正儿八经地写史编志工作，与毛老师的交集就多了。那时，毛老师给许多部门编部门志，时常来寻找资料。我给他泡杯茶，闲答几句。他基本上能达到目的，满意而归。

十六年前，一个初夏的傍晚，小草约了一个同事到大溪游泳，我约了一个朋友，在大溪旁的山庄，叫他们早点回来，一同吃晚饭。一会儿，有个老农喊叫，有人淹死了。我知道小草水性好，心想肯定不会是他的。等我们跑到大溪旁，只见另一个同事抱着小草在水中央。大家把小草抬到岸边，送到医院抢救了个把星期，小草最终还是撒手人寰。小草是毛老师四儿两女中最看重的一个，小草的罹难，给毛老师的打击相当大，他明显苍老许多。从此，毛老师常常邀我到他家喝上几杯自酿酒，从广州女儿（嫁与我的同学）那回来，也要给我捎点特产。

十年前，省里给满工作二十年的史志工作者发荣誉证书，不知何故，毛老师没有被授予，心有不爽，但没发难于我，也还一如既往地在编部门志、专业志。

毛老师老家江山，虽然开始工作就在松阳，但乡音未改，操着四不像口音。与人交谈，他说得困难，听的人也难受，再加上文人的气息，因此，深交的人不多。退休前当过报社的编辑，下放当过农民，落实政策后回到三尺讲台。从工作开始，没有辍笔停耕，时有文章见诸大报小刊。

毛老师是个文化人，有文人的儒雅，一生也有文人的骄傲。俗话说"文章是自个儿的好"。记得他主编的《水利志》评审时，就受不了人家的挑"刺"。三年前，我编古村落的书时，请他写生活二十多年的村庄，无论与他怎么说，交给我的稿子就是不符合要求，不得已，只好另请高明。文章写成后，署两人名，征求他的意见。过不了几天，他交回原稿。只见一段段的"意见"，又用红墨水涂掉，可能是顾及我的感受吧。

毛老师也是一个看重"钱"的老头。他曾为几个部门写材料，有两个单位没有及时付报酬，或少给报酬，或要求开发票之类，就到我这里"告状"。我及时与那两个单位领导沟通或先垫付了他。他说不是钱的问题，这是对知识的尊重问题。

去年年初，毛老师隔三岔五拖着脚到办公室来，说《建设志》写好了，没事情干了，一定要我交点东西给他写写。我说都八十五岁了，歇歇就是。之后，他来得更勤了，说再不做点事，就要生病了。

拗不过他，与他的女婿联系，最后决定让他写当地的中草药。平时草药店坐坐，集市日到草药摊聊聊，把草药的土名、学名、功效写下来，另派名大学生给他拍拍照，上下班不做要求。他得知又有工作好做时，立马来了精神，走路脚也抬高了。夏天，我出差回来，他办公室的同事告诉我，毛老师带着方便面，坐班车，到山区寻找草药方，中暑了。等他来上班时，被我好好地"教训"了一通。他"狡黠"一笑，说下不为例。为了编中草药的志书，他到处找资料、工具书，没有的，就自掏腰包几百上千地买。我说，多少钱，拿来报销。他说"不差钱"，没报一分。

其实，他确实不是为了钱而写书。他心里有个小九九，就是有干满史志工作三十年的愿望。去年秋，他把写秃的十多支钢笔和七八个 U 盘，拿给一个远房亲戚看，还告诉她，到 2017 年，自己干史志工作就满三十年了，就封笔不干了。

2017 年 1 月 4 日，毛老师晨起，摔倒，昏迷。在当地和市级医院住院期间，我多次去探望。他虽然无知觉，但家属告诉他我来看望他时，他干瘪的脸庞，会动一动，眼角会流下泪水。两个多月的抢救治疗，最终未能苏醒过来，毛老师带着遗憾走了。干满三十年不干了，一语成谶。

毛老师仙逝后，我们赶制了史志工作三十年的荣誉证书，通知他主编志书的部门或曾工作过的单位派人悼念。

愿毛老师西去的路顺畅，与小草早日相会！

毛老师千古！

"我要入党"

前天（2008 年 11 月 24 日）上午，我刚走进办公室，就进来一个老者。老者中国传统老农模样，但穿戴整齐，中等身材，体魄强壮，看上去相当乐观、精神。老者一手夹着一个黑色的公文包；一手提着一个能装五千克大米的那种蛇皮袋，袋里装着不知什么东西。我给他沏好茶、敬上烟。老者说明了来意。

他说，他来自枫坪乡的一个自然村，今年六十八岁了，自然村里就他一个干部，因此许多公益事业都是他出面处理的。今天来找我，是因为 1935 年 5 月，刘英、粟裕率领的中国工农红军挺进师曾在他们村子的"正福寺"开过会，组织实施过土地革命，"查田、造册、插标、分青苗"。去年，村里这个寺庙进行翻修，村民要求乡里的党委、政府给它挂块牌子，确定它是革命遗址。老人很健谈，列举了许多事例并拿出 1951 年颁发的"土地证"，来证实他的说法的正确性。他一说就是两个多小时。

我详细听取了他的阐述后，明确答复：一是肯定他的行为，值得赞许；二是相信他的叙述，我知道他讲的都事实；三是我们尽快派人到他村里再次走访、取证、拍照；四是一定给他们挂一个牌子。并交代办公室同事给老人报销车费和午餐费。我想他会告辞的，不料，老人没有走的意思，天南地北地神聊，只能再续水，再递烟。一聊又是一个多个小时，快下班了，老人问我他这个年龄是否还可以入党？我说可以啊，党章没有规定入党的年龄上限，在我们党的历史上，许多老革命家都是年龄很大才入党的，并问他为何有这种想法。

这一问，又打开了老人的话匣子。他说，六十八年来见证了从旧社会到新社会，见证了改革开放。旧社会不仅有税还有捐。毛主席领导后，穷人得解放，日子好多了，特别是老百姓的政治地位提高了；推广杂交水稻，解决农民温饱问题；后来又取消了农业税，我们农民土地里收获来的东西全归自己，几千年来的"皇粮国税"被取消了。现在还把水泥路浇到他家门口，山区老百姓是连做梦都想不到的。所以，共产党的政策愈来愈好了，我相信共产党，我要入党，并询问入党的程序问题。

临别时，老人说蛇皮袋里有几根冬笋，是昨天去掘了的，给我尝尝鲜。

告别老人，感慨万千……

十年水流西

今天（2010 年 12 月 6 日）咥中饭的时候，妻子对我说，老王已打了些钱到她朋友的账户里，晚上到老王那里去一趟，把账目理一理。我对妻子说，能拿过来多少是多少，其他的就算了，人家也困难。妻子说，知道的。

二十年前，我调入机关工作，单位没有房子，又要结婚，只得向别人租赁房子布置新房。房东是个车老板，因临街，交通也方便，虽然只有六十来平方米，且在五楼，房租却不断地加，到后来，为了高价租给某个单位，逼我们搬家。

1993 年初，经朋友介绍，我们搬入原租房的临街斜对面，两层，九十多平方米。房东是那时我们当地的最大的松香老板。老板姓王，育有一儿一女。女儿大两岁，读小学四年级；儿子读二年级。王老板夫妇常年在外办松脂厂，儿女的生活由他们的外婆照料，学习就委托我妻子监督、辅导。那个年月，一年的收入有上百万元，对我们小地方来说，是个大数目了。老王夫妇为人豪爽，只象征性地收取我们一点房租；说多收的话，要付我们家教费的。第二年，我女儿出生；第三年，他女儿读初中。老王松脂厂的效益一直很好，于是，征用了土地，办生产补漏产品的工厂；在省城买股票、搞期货。1997 年底，我女儿四岁时，才搬入自己的新房子。之后的岁月，我们每年的正月会去拜访老王夫妇，彼此当作朋友。知道他的两个儿女都考入理想的大学，都有自己喜欢的工作。而他办的补漏厂生产出来的产品，质量不过关，已停办；股票、期货，也亏了血本。总之，每况愈下。

五年前,老王还是重操旧业,买下可以办两个松脂厂的森林资源,因资金紧缺,向亲朋好友筹措。那时,我们时兴借钱聚财,把钱借给企业或个人,收取月息两分的利益。大家疯了似的,房子抵押的贷款、取出的养老金、土地征用的补偿费等等,都拿去借给房地产公司、松脂老板。妻子也把仅有的积蓄以及几个朋友的款项集中借给老王办松脂厂。即使这样,老王也只能筹措到办一个厂的资金。

三年前,首先是房地产公司资不抵债,资金链断了,开始耍赖,或破产,或不付利息,或还不了本金;接着,其他企业也学样,侵吞集资户的资金;最后,松脂的价格一落千丈,年年包赚的松脂厂也出现亏本。老王还不了人家的资金,因为是妻子介绍的,只好把部分朋友借给老王的资金算到我们的头上,我们给人家补上款项。

去年,老王实在是资不抵债,包袱过大,只得将补漏厂的厂房和曾租给我们居住过的房产变卖还债。因我们是老朋友,他还没有还给我们及妻子之朋友的钱。老王对我妻子说,还有可办一个松脂厂的资源,若卖出,可以还清欠款的。

也许是资源变卖了,也许……老王是讲义气的,今天还了一些款项。

现在,老王夫妇俩租了一套小房子,过着寒酸的生活。从二十年前的首富,相当的风光,落到现在的状况,没有人能预料的。

十年水流西……

建南兄弟周年祭

兄弟建南去世后,我一直想写一篇悼念文章,可白天有所想,晚上就有所梦,只能搁笔。眨眼工夫,兄弟离开我们已经一年了,我没有理由再拖着。

一

四十多年前的秋天(1981 年 9 月),我高考落榜,插班到 1982 文科班复习,准备来年再考。老师给我安排了一个细细高高、清清爽爽的男孩与我同桌。我们坐在第三排。我还没有从高考的挫折中缓过来,但亦知道同桌叫毛建南,水南程徐人,是班主任朱建民老师在水南教初中时的学生。

教我们数学的是个责任心很强的老教师,外地人。正式上课前的口头禅就是:"同学们,时间来不及了,你们还这样拖拖拉拉!"上课时常常提问学生。那时,建南没戴眼镜,抽到他回答问题时,他站起来眯着眼睛,说看不清。一次两次还好说,到后来这个老师再抽到建南回答问题时,就直接说"你可以回答'看不清'"。这样,我们请求班主任给我们换到第一排。之后,老师再抽到建南回答问题时,他就没有什么差错了。1982 年松阳文科的高考,应届的只有建南、黄巧玲(现为丽水学院教授)两人上线;那时,谁也不知道有个叫毛建南的考入大学。

三年大学生涯,说长不长,一晃而过,而他对情感亦是朦朦胧胧。毕业那年,才刚满二十岁。社会掀起支援边疆、海岛的热潮。建南报了去新疆的志愿,后来石河子教育部门给他寄来录用通知书。

临开学时，他把铺盖等送车站托运，因父亲坚决反对，被兄长截下。最后，被安排去了玉岩中学教书。那时的玉岩，还算"穷乡僻壤"。虽然松阳与遂昌分县，但玉岩到西屏的公路常常被阻。只要发大水，大东坝西山路面桥就会被水淹没，车子得从埠口、遂昌绕过来。因而，在玉岩教书的那段时间，对他来说既充实，又空虚。充实的是，可以静下心来好好教书；空虚的是，当时文化娱乐活动匮乏，当地机关、单位的就那么几个人，女青年更是少，个人婚姻问题还没有解决。

在同学间，我一直以兄长的面目出现，且乐于助人，所以同学找我商量、帮忙的较多。可那时暑假刚好是"双抢"，我要投入抢收抢种繁忙的农活当中。因此，同学只能到田野找到我，或帮我干点活、早点收工、一起出去；或坐在田头地脚说完话走人。而建南的家虽然也在农村，因兄弟姐妹中他居幺，故大家叫他"小弟"。我是从1981年开始认识建南，到1984年9月到丽水读书，就没有见过他的母亲。后来得知他母亲已不在人世，其父续弦了个"婶婶"。我们到他家都是婶婶忙碌着。建南父亲承包了水果园，经济条件较好，且不用建南下地干农活（也不会干）。他最多给父亲看守一下果园。我们想吃水果了，就到果园去，有梨、桃等水果。建南来找我，就在我家里等着，等我收工回来，吃了饭再回去。在1987年前，我俩是铁哥们儿，他常常是大年三十中饭在我家里吃了回去，说"父亲交代年夜饭要家里吃的"；可正月初一又在我家吃中饭了。我也抽空陪他骑着自行车，到这个村子看看女同学、到那个村子看看女同学，看看有没有中意的女神。

二

1988年冬，建南遇到同样分配到玉岩税务部门的女孩叶琼，两人从此相识相知相爱。他自己也从一名普通的山村教师提升为玉岩初中校长，后来调到县职技校任副校长。1991年元旦，建南与叶琼步入婚姻的殿堂。虽然工作了五六年，由于建南平时大方，鲜有积蓄，基本上是裸婚，连电视机还是在婚后两个月借钱买的。婚宴当晚，建南酒醉不省人事。乡俗第二天新娘子与夫君"回门"，可他还是行动不便，连自行车后座也坐不稳，摇摇晃晃的。我只好用自行车驮着，把建南拉到城郊北乡他丈母娘家。

不久，建南从教育系统调入县委组织部，很快任办公室主任。1998年8月，调交通局任副局长。2001年，我在县"三个代表"学习教育办公室，负责具体日常工作；交通部门联系农村"学教"试点乡镇——叶村。我们与市里的"学教办"人员一同到叶村，每个人都要表态发言。先前我还替建南担心，可轮到他发言时，他说得到位、说在点子上。不久，他被提到曾经工作过、亦是找到另一半的玉岩工作，主政一方。在玉岩工作时，一个是把港（口）玉（岩）公路的柏油马路从坳头通到玉岩，另一个是发展香榧。受益的都是当地老百姓。

2003年1月，建南从玉岩调到县政府办公室任主任。换岗的当天晚上，我们一起吃的饭。他没有表现出兴奋，说还有许多事情可做的，既然组织安排，就会做好工作。在政府办工作的时候，他是洒脱的，亦关心部属。2007年5月，换岗任财政局局长。在他手上，由省财政厅牵头，实施、建设了四都西坑"中国最美山村"。

2009年10月后，他任县委常委、办公室主任。我所在的史志办，归属县委办管理。这时，他是县里的领导，但仍然洒脱，做到抓大放小。该管的事，会管好。有一次，省里召开党史会议，要求当地党委分管负责人也参加。因他抽烟，我给他带了两条烟；回来后，他让人给送回来了。我说随他。

2011年底，建南到县宣传部部长的任上，给人感觉更加"超脱"

了。但每年的茶叶节筹备、各届"互联网＋美丽乡村"发展论坛等都是亲力亲为，"田园松阳"对外的影响力不断加强。2017 年 2 月，建南当选为松阳县政协第九届委员会主席。作为四套班子之一的主要领导，常常出现在会议的主席台上、电视新闻的画面里。县里的重点工程黄南水库建设、西（屏）竹（源）玉（岩）公路建设，作为主要负责人，他常常工作到深夜，做着群众工作。

三

四十年来，建南兴趣爱好随时间的推移不断变换。读大学、教书时，以下围棋、打篮球为主。围棋在同龄人中算一流者。由于近视戴着眼镜，且气力不甚足，但身高近一米八，是打球的料，在当地亦算佼佼者。他不会搓麻将，但自从我把"抓红五"带到松阳后，我们就一直玩四副牌的"抓红五"，一玩就是三十年。一开始，"抓红五"的人多，到后来人家要玩"刺激"了，或搓麻将或玩"双扣"，仅留下我们几个不玩刺激的"老顽童"。建南牌技好，赢多输少。2019 年，他的孙子出生后，因打牌时抽烟多，影响环境，我们去他那里玩牌的次数明显减少了。之前，机关单位兴起练习太极的热潮。他也乐此不疲，常常有模有样地练给我看，说"气"到哪了。三十年前，我开始练气功，其中的道道我知道。我说，你那是"太极操"。从此，不与我言太极，但我知道他一直坚持着。

建南为人随和、热情。我的几个侄女、侄儿他都抱过；与朋友的父母，也聊得开。他对任何事情都有自己的主心骨，亲朋好友托他办的事，只要不越界，都会尽力办妥。2004 年，他家结对了西南山区一个七岁的小女孩。于是，他把女孩当自己的亲闺女抚养，一直培养女孩到大学毕业。现在女孩参加工作，结婚成家，过着幸福生活。

一生中，他最怕的是高蛋白和激水。鳖、鳗及海鲜等过敏，还有就是怕水。怕水这点，一个水边长大的人怎么会怕水？可能他是家中老么，大家宠着不让他近水以致怕水之故吧。

四

2020 年 11 月 15 日礼拜天，应朋友之约，我从金华赶回来在南乡吃中饭。建南亦在，告诉我，2 号刚体检，除年龄外，各项指标良好，还可以当兵呢。我说，那就好！在我的所有朋友中，他最讲究养生，也很自律。无特殊情况，按时作息；酒限量，按时锻炼；就是烟也节制着抽了。特别是儿媳妇怀孕后，他基本就不抽，最多躲在门外抽几支吧。孙子出生后，不太去应酬，一到家，就含饴弄孙。之后，他带队前往云南考察。回来后，还正常工作、生活着。12 月 5 日星期六，他帮农家剪脐橙，中午喝了两杯家酿酒。这也是他生前喝的最后一餐酒。第二天晚上，因身体不适明显，在妻子的一再动员下，答应翌日去医院检查。

12 月 7 日，到医院做 CT、B 超，医院说肝脏已有转移病灶。他家人马上与上海医院联系，住院治疗。在上海再检查，多个器官不好了。我与叶琼联系，听她只是哭。我说要坚强，不能把情绪带给建南。19 日，我们几个朋友与政协机关的同人到上海探望；因疫情只能视频。他对去探视的朋友、同人，一一打招呼，精神饱满，依然风趣。后来还对叶琼说，还接见了媒体记者。这也许是他生前最愉悦的一天。22 日，在上海打了第一枚化疗针。25 日，回到松阳。27 日中午，在医院打了两针，喊"痛"，因药物过敏，突然昏迷。这是他说的最后一句话。傍晚送往市中心医院继续抢救。晚上，我梦见建南穿戴时髦，围着红巾（叶琼说建南从未有红围巾的，后来在办公室整理遗物时，确实有一条红围巾），在蒙太奇般的仙境中，与我挥手致别，说："我去了！"我遂惊醒，心想兄弟已去矣。

在丽水抢救期间，只能一个人陪护。每天晚上，我把从他亲人处得到的信息，及时发在同学、朋友群里。消息时好时坏，大家虔诚祈祷。其间，趁建南到机房检查身体之机，我到他身边。此时的建南，又回到四十年前与我同桌时的样子，细细瘦瘦、清清爽爽，就是脸色有点青。我边推着病床车，边在他耳旁大声喊着："建南，你还有许多任务没有完成，政协会议等着你做报告；九十多岁的老爸已不会说话需要你的照顾；结发妻子叶琼需要你疼爱；牙牙学语的孙子需要你呵护……快醒来吧！"他的睫毛抖动了一下，上眼皮有想睁开的样子。旁边的亲人说，醒过来了，醒过来了！但他一直没有睁开眼，眼角流出一点点泪水。

2021年1月22日凌晨3点10分，兄弟撒手人寰，终年五十七岁；是鲜有在岗位上倒下的县政协主席。我第一时间发出讯息，同时，在同学、朋友群里征集挽联，最后选用曾经是部属亦是朋友的丁建胜拟的"蟾峰无语，只留松涛成呜咽；松阴有知，尽将流水作滂沱"作挽联。

之后很长一段时间，我会常常梦见他。先前梦见的他还化了淡淡的妆，谈笑风生，风采依旧；最近梦见他，坐在某个角落，不再与人言语。俗话说"逝人逐日远"，但兄弟的音容宛在。

愿兄弟在另一个世界没有病痛，没有千斤担子，没有俗务缠身，过着无忧无虑的生活。

逝者安息，生者珍惜！

七、拳拳亲情

家庭主男

今天（2007年12月29日）晚上，我推掉一切应酬，与老婆、孩子一起咥晚饭。一者天天在外面大酒大肉的咥腻了；二者也想与家人聚聚，与老婆沟通感情，与女儿交流思想。

我只要在家，就嫌老婆烧出来的饭菜不合口味，都要自己下厨房掌勺。今晚，我没有炒很多菜，主菜是酸辣花鲢锅：酸酸的、辣辣的，放点紫苏，加点料酒，配点姜蒜。一家三口，围着小桌子，老婆喝点家酿酒，我喝杯葡萄酒，孩子喝包纯牛奶。我们边喝边咥边看电视边谈论各自有趣的事儿。新闻联播结束，满满一大锅的酸辣花鲢，连鱼带汤全部咥完。老婆孩子抹抹嘴巴，说声"味道好极了"离开餐桌。我对她们说，你们的福气真好，在家里就能咥到大厨的手艺。老婆说这是托你的福，我们是很节约的，你不在，我们是随便咥点现成的就行的，没有你那么讲究。我说那不是节约，是懒。

老婆每天晚饭后有快走锻炼的习惯，风雨无阻。老婆约了"走"友锻炼去了，一会儿，女儿的"舞"友打电话来，约她到江滨公园玩玩。按惯例，星期六晚上的家务由女儿做。由于最近几个星期都要舞蹈排练，全是她母亲代劳的。而今天，她妈妈早一步出去了，她就与我协商，能否由我替她做家务，她从生活费中拿出两元钱给我作劳务费，我允诺。女儿高高兴兴地换了鞋跑出去了，就是忘记掏出两元钱来。

我挂上围裙，戴上袖套，首先把饭桌收拾干净，再洗洗筷子，刷刷锅碗，擦擦桌子，抹抹板台。然后，理理书房，拖拖地板。9点许，老婆孩子相继回来，我才忙乎完。刚打开电脑，老婆说，你边玩电脑，边操作洗衣机洗衣服。我说好的。

【三十多年来，老婆对外宣称最得意的一点，就是如何让我洗饭碗。她说今天如何如何吃力，今天的饭碗谁洗好？我都会说，我洗好了。哎，都是一家子的，你多干一点，爱人孩子就少做一点。男人做家务没有什么好倒霉的。特别是最近几年，我有意识地去种菜锻炼。做家务事也是锻炼，多做点家务事算什么？】

母亲的心

还是 2008 年 3 月 19 日那天，我与往常一样，6 点半出去爬山晨练，因要到人代会报到，故我把车开到山脚下，这样下山时可以直接开车去上班和参会。

7 点半许，我还在山腰的寺庙里喝早茶，接到大哥打来的电话，试探我在干什么，车子停在何处。我一一告之。大哥才说，母亲在他那儿，担心我出事了，故打电话询问。

母亲是标准的旧式农村妇女，今年已七十多岁了。外祖父去世时，娘舅还在外婆的怀里，母亲才四岁。靠着常人难以想象的艰辛，外婆把儿女拉扯大。母亲一生未上过一天学，仅识包括姓名在内的简单的几个字。十八年前，父亲突然撒手人寰，母亲就基本上与妹妹一家生活。妹妹夫妇忙于办厂，母亲帮着照顾外甥。前不久妹妹也到江西吉安的厂里去了，留下母亲和读高中的外甥在家。

这天早上，母亲开门，见妹妹的车库前，有一辆银白色的轿车停在那里，仔细一看，车子的左侧已全部瘪进去，心就慌了，再看看车牌，有"8"，认定是我开的车，肯定出事了。家里有电话，只会接，不会打，平时打电话是请人家给拨的，一慌张我的电话号码也找不到，不知如何是好。想想离大哥那儿近点，匆忙赶三里路，要大哥打电话证实我的情况。大嫂告诉母亲，我开车慢且稳，肯定不会出事故的。母亲还是不放心，等大哥打通电话，得知我一切安好后才稍宁。

中午，我去看望母亲，母亲在叙述事情的经过时还心有余悸，千叮咛万嘱咐要我开车小心。

哎，儿女始终是母亲一生的牵挂。特别是我的健康，更是让母亲日夜挂心，有点风吹草动，她便成惊弓之鸟，终日担惊受怕。

儿女心意

今年（2008年）的清明节，正式确定为法定节假日，我们这里连续下了三天的雨。特别是昨夜，雷电交加，倾盆大雨下到今天早晨七八点钟，阻止了我的爬山晨练。原来与妻子约好，今天（6号）一起到岳母家，一者清明没回家；二者看看岳母是否采茶，若是，则帮着采点茶。而天公不作美，只能作罢，我到办公室加班去了。

约莫9点钟，妻子来电话，说雨止，问我有何打算，我说还是回她娘家一趟吧。她给父母准备了点礼物，我们到菜场买了点菜，然后直奔岳母家。

妻子的娘家在农村，父母都六七十岁了，只生了妻子和妻弟，改革开放后就种植经济作物，加上他们十分勤劳，在农村来说家庭生活条件还算好的。妻子上大学，后出来工作；妻弟学养殖，成为我们这里最大的养鸡专业户，收益不菲，有车有洋房，去年还被选为村主任，因此父母常引以为豪。我们虽然多次劝二老别再干农活了，在家歇歇就行，可他们就是闲不着。最近几年，他们改种水果为种植茶叶，每年采茶也有几万元的收入。

岳父在家边看电视边熬粥，见我们回来很高兴，马上到楼上去拿最好的茶叶给我沏茶。我说先不喝，到茶园采茶去。岳父竭力劝阻，说什么很难弯腰的、茶叶地泥泞很脏的，要么到田野走走就回来。到茶园，岳母和一对母女在采茶。这对母女是外地人，出来采茶赚点钱，老太太已是八十一岁高龄了，还很健朗，耳聪目明，手脚麻利。吃住在岳母家里，每天采茶可以赚五六十元钱。岳母见到我们很意外，也劝阻我下地采茶。

茶园在公路旁，我在采茶，行人看到。这个问岳母"是谁"，岳母答"是女婿，年年都回来帮我干活的"；那个问我会采茶吗，岳母抢着回答"他采得很快的，个把小时采了两篮了"，高兴之情溢于言表。

老婆说雇人采摘，每斤两元钱，你来回的汽油费是多少，父母又要花时间给你烧饭烧菜，划算否？

我说，这是我们做儿女的心意，父母不在乎儿女能为他们做多少事，我们去做了，说明我们没有忘本，没有忘记父母，与父母的心是相近的。

爱也要说出来

2008年7月7日至10日，我应邀参加市委组织部组织的对遂昌、缙云、莲都等地《组织史资料》进行评审的评审会，评审地点在遂昌的南尖岩宾馆。

南尖岩位于遂昌县西南的王村口镇境内，距县城约四十五千米，其中十八千米为盘山公路。宾馆位于南尖岩的顶峰，海拔一千一百四十多米。这里山高气爽，虽已过小暑季节，可白天不用开空调，夜晚还要盖被子，确实是避暑纳凉的好去处。

听我介绍南尖岩的气温情况，妻子说她以前没有去过南尖岩，也想到南尖岩来玩玩。我说若来，则到遂昌县城去接她。9号下午，妻子约了好友，叫朋友送到遂昌，我来回用了两个小时，把她们接到宾馆。妻友见路途遥远、山路崎岖，便说好感动，说妻子好幸福。

遂昌主人好客，加上老婆在旁，我多喝了几杯"干白"，不觉醉意朦胧，早早呼呼入睡。

翌日，一大早，我把妻子和她朋友叫了起来，稍做洗漱，约6点钟，我们开始游南尖岩景区。主景区由三座突兀的岩石构成。岩石是因地壳运动中褶皱而隆起的，后又在风吹、雨淋、日晒的作用下风化，形成悬崖峭壁。我们按逆时针方向，从上往下，观赏着美景，近处是几百年乃至上千年的古树，有乌冈、香椿、古树、木槿以及红豆杉等名木。受去冬今春冰雪灾害影响，这些古木大多缺胳膊少腿，严重的，甚至拦腰折断，甚为可惜。远处是郁郁葱葱的毛竹，翠绿欲滴，极为养目。投资方在景区确实投入了一定的资金，硬生生在岩石的夹缝中凿出阶梯、在悬崖上搭建观云台、在峭壁旁浇筑栈桥。

看示意牌走了三分之二光景，隐约听到"哗哗"的水流声，可不见山涧流水。随着水声，再走百米，九级瀑布映入眼帘。水虽不大，气势却雄伟。妻子与好友戏水，我为她们拍照。约8点半，我们走马观花般转了一圈，回到宾馆。

说实话，我走过许多大山名川，南尖岩只能算袖珍景观。可妻子说玩得很高兴。

晚上，妻子说谢谢我带她去玩。我说："夫妻间还用得上客气吗？"

妻子答道："有时爱也要说出来的。"

妻子生日

　　2008 年 7 月 31 日（阴历六月廿九日）是妻子四十一岁生日。五天前的晚上，妻子失望地问我："今天是什么特殊的日子。"我说："没有呀，很平常的。"妻子两眼婆娑，叹声道："你连我的生日都忘记了！"我理直气壮告诉她，没有，你的生日还有五天，今天才廿四日，我记着的，并翻出手机上的万年历让她看。妻破涕而笑："是我记　错了。"

　　昨天早晨，我依然爬山锻炼，在寺庙给妻子发了条短信："祝老婆生日快乐！执子之手，愿能与汝偕老。"妻回了个电话，说短信收到了，谢谢噢！

　　二十二年前，我大学毕业前夕，实习回来，因年段仅两个人为"优等"中之优等，要到低年级的班里介绍经验，我被派到低我两个年级的班里，在那里认识了同乡的"学妹"。那时她才二十岁，纯纯的，天真烂漫。我毕业在即，暴风骤雨般与她确立"恋爱"关系。当然亦遭到多人的嫉恨，之后是四年的长恋。

　　我们偶然相遇，了解甚少时便确立了恋爱关系，从漫长的相恋到相爱，最后，于 1990 年底登记结婚，步入婚姻殿堂。可当时生活条件差，我们是租赁房子结的婚。更主要的是，结婚前几个月，我日渐消瘦，尿检异常，医生说有膀胱炎症，让我住院治疗。那时，我正想考研究生，可好好复习英语，故欣然同意住院。一个月后，病情不见好转，便出院操办婚事。翌年 5 月，到上级医院检查，医生诊断"膀胱癌"，须住院手术。我瞒着妻子和亲人，收拾行囊，告诉他们要做个简单的手术，独自一人住院去了。医院有妻子的朋友，加上手术须家属签字，她朋友告诉妻子我的病情，妻子与亲人立刻哭哭啼啼地赶到医院。从此，为我担惊受怕了十八年。

妻子跟着我已二十二年了，我没有给她带来荣华富贵。她却从当初的花季少女，长到主持一家人的吃住行家务的中年妇女。我们也像普通家庭一样，会有吵吵闹闹。不过，我没有一次忘了给妻子过生日。我知道，她的朋友会送来鲜花，女儿也向我要了零花钱，要给妈妈买点礼物，以表养育之恩；思来想去，我打电话给收藏古玩的朋友，让他给我挑一块玉佩送给妻子做生日礼物。

古人云：少来夫妻，老来伴。虽还是中年，比起年轻时，我们夫妻间更多的是亲情，相互间更多的是理解和宽容。但由于我的身体状况，不知能陪妻子走多远，故有"愿能与汝偕老"一说。

衷心祝愿妻子生日快乐！以后的生活美满。

机器换油了

6 点起床，感觉凉飕飕的，秋天在不知不觉中已经来临。叫醒女儿，送她到约两千米远的一所学校上学，今天是 2008 年 9 月 2 日，是十四岁上初三的女儿开学的日子。

女儿原来在一所民办中学读初中。初一的时候学习成绩还可以；到了初二，对班主任、任课老师的抵触情绪加大，对学习厌烦，功课落了下来，初二的期末成绩与刚进初中时的名次差不多了，并且言行方面表现得非常叛逆。这引起我们做父母的警觉。

对于女儿，自从她有点懂事开始，我们就培养她的爱心和对学习的兴趣，教育她做人的道理。没有苛求她在学习成绩上如何拔尖。当时许多家长把孩子送进"小班"教育，我们没有，希望她在大班大家庭里学习、生活。也根据女儿的兴趣爱好，从幼儿园开始让她学舞蹈、钢琴，到现在已坚持了九年。特别是舞蹈方面，颇有天赋，一直是小朋友学习的榜样；十指修长，钢琴老师也说她具有弹钢琴的条件。十岁那年花了两万元钱给她买了一台钢琴让她平时练练。我们不指望她将来成为什么家，只希望她根据兴趣培养一两门特长。

小学一晃五年过去了，学习成绩中等水平，但舞蹈、钢琴的技艺得到发展。在为人处世方面也乖巧玲珑，是个人见人爱的小姑娘。升初中时，我们夫妻俩有分歧，妻子希望女儿到浙江艺校学艺术；我主张女儿学文化兼顾艺术，等高中时再决定是否考艺校。后来在选择初中学校时，妻子主张把女儿放在她转行前教书过的学校读书，说那里都是她的同事，会格外关注女儿的，教学水平不比民办的差；我却要让女儿在所谓的最好的民办学校学习。初一的时候，女儿还是边学习，边练琴；学习成绩也大幅提高，我们颇为欣喜。可到了初二，也许是青春期孩子的缘故，女儿对学校把学生当作学习的机器相当反感，上课注意力不集中，并开始抵触，性格反叛。特别是周围的同学，用她的话说，是一部部学习的机器，唯学习是要；而女儿生性好动，因此感觉到孤独，多次嚷嚷着要换学校。这个暑假，我们让她到她母亲的同事那儿听了几节课，女儿感觉不错，我们决定给她换一个学习环境，换到妻子以前教过书的学校继续读书。

可怜天下父母心，哪个家长不望子成龙、望女成凤。可靠死读书、读死书焉能成龙成凤？因此，我们决定给这部机器换换油，希望女儿身心健康发展。

女儿回来了

2008年9月4日晚上，朋友请客，应邀参加晚宴，酒足饭饱之后，天下起了瓢泼大雨。妻子来电话，让我去接女儿。

9点许，我到了女儿的学校，妻子亦步行赶到，于是我载了她们母女俩一同回来。女儿与妻子又说又笑，告诉了我们一天来的学校生活，最后还交给妻子一张男同学塞给她的小纸条。

我对女儿一向宠爱有加。自从她上幼儿园开始，我就负责她的生活起居，常常自喻杨白劳，基本上天天为女儿梳头扎辫子，然后送她上学。女儿在我的调教下懂事、有礼貌；我们一直培养她的爱心、兴趣和独立生活的能力。在暑假的时候，我带她到邻近的省市如江苏、上海、江西、湖南、湖北、安徽、福建等地的景点旅游体验生活。女儿十岁开始独自下海南，去上海，聪明乖巧，人人夸奖；加上学钢琴、练舞蹈，落落大方，气质非凡。正当我们感到自豪的时候，女儿变了，变得让我们做父母的措手不及。首先是厌恶学习，对学习不感兴趣，做作业、上课听讲心不在焉；其次，言行叛逆，从一个乖乖女，变成一个"有问题"的女孩。最后是与父母、老师对着干，我行我素。因此，整个暑假我们为女儿的事伤透脑筋。她母亲苦口婆心说理无用，我亦偶尔诉诸武力，都不见效。当处于山穷水尽的时候，我们选择了让女儿到外面散心的方法。

回来后，女儿写了篇作文《我不是鸵鸟》，检讨自己言行的不妥，并下决心一定好好学习，考上重点高中。我们给孩子换了一个学习环境。现在女儿又回到以前那样，学习态度端正，兴趣爱好广泛，乐于助人。在学校不仅学习成绩好，还爱憎分明，表现了大家风范。虽然才去新学校学习几天，但却赢得同学的尊重。有男同学塞纸条，女儿泰然处之。

女儿回来了，我为真实的女儿回来了而庆幸。

自　责

今天（2009 年 2 月 12 日）是阴历正月十八。上午到联系的老区乡镇参加干部大会。吃了中饭回来的途中，文明办的同志说有关于爱国主义教育基地的事相商，谈妥后临下班时，妹妹来电话，叫我去吃晚饭。

妹妹与妹夫昨天刚分别从广西、江西回来，得知母亲正月初九以来，因与妹妹为舅母的事发生点矛盾，初十就回到郊区的老家了。我草草喝点酒，尽快回去看母亲。

老家在郊区，离我们只五分钟的车程。母亲看到我，反复说的一句话就是"怎么还记得妈的，怎么还记得来看妈的"。我怔住了，我自责。"我有很长时间没有回家看母亲了？"我默默地回想着。

年三十，先一起在妹妹家吃的中饭，然后兄弟姐妹全部在弟弟家一起过年吃年夜饭。正月初一，母亲名下的人回老家给母亲拜年、一起祭祀父亲，吃了晚饭回来。之后走亲访友，初五回家。初六曾回去看望过母亲一次。初七开始上班，新年伊始，千头万绪需理一理，加上朋友间相互拜年、请吃，就是一个星期。到正月十三、十四（星期六、星期日），又参加两个会议。正月十五，还是应酬，丈母娘来了，我也没有陪她吃一顿饭。正月十六，单位开会，下午又来了衢州的客人。正月十七，到上级部门探讨党史编写工作，晚上赶回来，陪客人吃饭。其间，打过电话给兄长，询问母亲的情况，得到回复"好的"；我曾几次想回家看看母亲，但皆因故未成行。掐指数来，也就是十一天时间，没有看到母亲。可母亲感觉很长时间没有看到我了。

父母生养了我们兄弟姐妹五个。我排行第三，上有两个兄长，下有一妹一弟。父亲一直身体不是很好，许多重体力活不能干，母亲倒是正劳力，赚工分、砍柴、种菜、喂猪，什么农活都要做。父亲有文化，思想开明，无论家庭多苦，也要让孩子读书；母亲辛勤劳作，默默承担着维持家庭的重担，任劳任怨。直到1976年，生产队开始杂交水稻制种，我们的口粮才能自给。之后，我家的生活条件才有所改观。1982年，我家盖了全村最大的房子。我们读书的读书、工作的工作，父母开始体会到了一点优越性，也有了自豪感。到了1984年，有了第三代；特别是我经过锲而不舍的拼搏成为全村的第一个大学生，父母更是高兴。1990年冬，我最后一个成家了。下一代中有两个孙女一个孙子，父母尽享天伦之乐。可好景不长，1991年夏，我患重症须做手术并住院治疗，父母日夜担心，尤其是父亲，在没有任何征兆的情况下，撒手人寰，离我们而去。该享福的时候没有享福，我们也没有最大限度地孝顺父亲。这点永远成为我们子女的遗憾。而母亲强忍失去父亲之痛，很快投入照料下一代的不是义务的义务中。现在，儿女都有出息了，自己生活也富裕了。四个媳妇、一个女婿对老人都尊重有加；九个孙辈，两个孙女先后考取公务员参加工作，大孙子读大学，其他的都在读中学。虽在老家，也不会寂寞，因为有个工作了的孙女在身边作陪。那么，母亲何出此言呢？

主要是母亲思念我、担心我，我的身体状况是母亲的心病。一时三刻没有看见我，母亲就会胡思乱想，整夜睡不着觉，感觉日子很长很长。因此，见到我了，喜怨交错，说我忘了娘。好让我以后隔三岔五回家看看母亲，更主要的是让母亲常常能看见我。这就是天下母亲的心。而为人子者，连这点尚未做好，怎能言孝？故自责之！

雨后见彩虹

古有"儿孙自有儿孙福""棒下底下出孝子"之说，现在又有女儿要富养、儿子须穷练的讲究。

我生养的女儿，六岁开始学舞蹈，且表现出这方面的天赋；七岁延师学钢琴，手指尖长，老师说是弹钢琴的料子。十岁时，我们花去两万元买了一台钢琴作生日礼物给女儿。2003 年，两万元可以在城里买五十平方米的建房土地。小学阶段，女儿除学校规定的学习、活动外，每天下午一放学就去练钢琴，很自觉，一直练到我们去接她；另外，两个晚上去练舞蹈。

回想起来，失策的地方是没有让女儿上小班。当时我的理念是，要把女儿放在大的环境锻炼，去竞争，培养她的爱心、待人接物的礼节，以及做人的道理。每年带她或托人带她旅游，增加她的阅历。十岁那年，她就单独跟我的朋友到海南旅游，得到大家的赞赏。至于学习，我认为小学无非认几个字、写几个字，会加减乘除就是了，所以，没有在意。由于是大班，班主任、任课老师频换，以至于小学五年女儿没有写出一手好字，这是她最大的遗憾。小学升初中的时候，与受过小班教育的同学相比，成绩要差一些，但比人家有爱心、懂礼貌、阳光，是个人见人爱的小姑娘，且多才多艺，我们也知足了。

初中，我们给她选择了一所所谓的最好的民办学校，选择了一个所谓的最好的班主任。女儿还是边学习边跳舞边练琴，初一下来，学习成绩大有长进，从刚进校时较末位的成绩追赶到中上靠前的位置。正当我们为女儿全面发展而欣喜的时候，女儿却进入了青春期，表现得十分叛逆。初二，学校规定晚自修，我们让她中晚饭到离学校一百五十米的二伯那儿吃，女儿口头上答应得好好的，可就是这里吃一餐，那里吃一餐，与一些不爱学习的同学混在一起；上课分心，思想集中不起来，学习成绩开始下滑。女儿放学回来，不是念着换学校，就是骂老师。无论怎么劝导，都无济于事。我们跟她讲道理，她又与我们对立。整个初中二年级，真是天昏地暗过来的。学习成绩又落到刚进初中时的位置。妻子与我商量，将女儿转入她曾经任教过的学校，那里都是她的同事，会格外关注女儿的，也许对女儿的成长更有利，即使失败了，也不能怪她。我同意了，希望女儿早点过了这段时期。

到了新学校，在老师的关心、同学的关爱下，女儿慢慢找回感觉，开始变得乖巧、自信起来，老师给她搭建了许多平台，让她主持班会、表演才艺，各种活动都让她参加。女儿学习成绩慢慢上升，我们又为女儿"回来"了感到高兴。

2009年6月13日至14日中考。20日出成绩，虽然不是十分的理想，但已是上重点高中的成绩。原想把她放到外面去读高中的，女儿说，还是想在家乡读，多陪父母三年也好，读大学了，就远离父母了。我了解女儿的性格和学习情况，凭文化成绩要考取多么好的大学是不大可能的，只能凭艺术加分，也许会考取一所理想的大学，但还要付出比其他同学更多的时间和精力去练习钢琴、舞蹈、声乐。

不过，女儿总算走出那段不堪回首的路程，见到彩虹了。

家有女儿初长成

　　昨天（2009 年 11 月 28 日）星期六。女儿学校开家长会，我与妻子商量，由她参加家长会。妻子回来也没说什么，只拿回一张女儿的《情况反映表》，上有期中考试的成绩，在学校、在班级的排名，担任的干部，以及参加学校社团组织等情况。

　　女儿十五岁了，今年刚读高中。从幼儿园开始学舞蹈、练钢琴，学习成绩一直不拔尖，我也没有苛求她的考试成绩，只教育她为人处世的道理，让她健康快乐成长。因此，在读小学时，没有把她放在"小班"。教女儿的老师也常常更换，这样，升初中时考试成绩与上过小班的学生相比就落后一些。但独立能力和待人接物方面比一般的同龄人要强；更主要的是，她自己或我带她跑遍了大半个中国，见识也比同龄人要广；舞蹈、钢琴学习没有中断，并一直担任小明星舞蹈队的队长，每次演出，不是独舞就是领舞，从中也找到了自信。

　　可现在我们还是应试教育，没办法，初中时给女儿选了一个大家认为最好学校中的最好班级。初一还可以，学习成绩有所进步，业余爱好不放松，我们觉得比较欣慰。可初二时，女儿进入了青春期，开始厌学，公然罢课、罢考，并嚷着转学。我们做父母的虽都当过老师，可到了女儿头上就什么方法也不管用了。她母亲说，那段时间真是噩梦般的生活。到初三，把女儿转到妻子以前任教过的学校，拜托以前的同事多加关心、鼓励。这样，女儿在老师的关注下，慢慢地适应了新环境。老师让她主持班会、给予她表现的舞台，女儿才开始拾回信心，又变成有礼貌、有爱心的人了，回到了原来的轨道上。

今年初升高，虽然考得不是很理想，但分数已可进入重点高中。我们了解女儿的情况，认为她能有这样的成绩，已经努力了。因此，整个暑假，让她自己安排学习、旅游、练琴、跳舞。

8月下旬，学校开始军训。女儿自己整理铺盖、日常用品，住到学校去了。一个星期后回来，人晒得黑黑的，皮也脱了一层，沙哑着嗓子，告诉母亲："刚开始军训时，班主任指定一个男同学做指挥员，但大家不听他的指挥，后来，我自告奋勇上去对他说，让我来指挥吧，结果大家都听我的。因为军训中的立正、稍息以及正步走的分解动作，与我平时跳的舞蹈动作相似，所以，我做的动作特别规范，教官常常让我做示范动作。另外，教官五线谱不识，同学也没有学过，这个对我来说小菜一碟，所以，我既要喊口令又要教唱歌，嗓子也喊哑了。不过也值，我被评为优秀指挥员，班级获得第二名。"

9月初，女儿开学后的第一个星期回来，告诉我们，老师让她当班长，她没有接受，认为班长是调皮的人做的。后来，就任团支部书记。再过了一个星期，她告诉我们，自己去竞选学校的团总支书记了，结果高票当选。

10月中旬，女儿回来有点沮丧，告诉我们，去竞选学生会的文体副部长，票数最高，可老师说她不成熟，只能先当干事。她说："我本来才十五岁，要怎么成熟呢，总要给我发发少年狂吧。"虽然有点激动，但说得也在理。我对女儿说，做班干部也适可而止，主要的还是把学习搞好。

11月初，与同学相处两个多月了，班干部调整，让学生自己选举。女儿说，她又获得最高票。老师一定要她做班长，但她还是辞掉了，并向老师推荐了四个同学轮流当值。由于工作、能力等方面确实比一般的同学强，特别是为人处世方面富有同情心，善于替别人考虑，人际关系很好，又以身作则，学校最后让她当学生会主席助理。

上高中以后，女儿还是天天练钢琴学声乐，星期六晚上练舞蹈。这次期中考试虽然又考得不怎么好，在班里第十六名，但她和她母亲都觉得满意了，特别是女儿自己更会为自己没有考好寻找更多的理由。

看着女儿一步一步走过来……

家有女儿初长成。

前　程

　　昨天（2008 年 1 月 27 日），女儿期末考试一结束就与我们一道到她外婆那儿咥喜酒，晚饭后回来。一到城里，她就像脱缰的野马，一溜烟儿跑得无影无踪。10 点钟还没有回来，十三岁的小女孩太野了吧。老婆让我打个电话问问，到底在什么地方玩。女儿说冯姓同学今天回来了，在她那儿，今天就不回来睡觉了，她的父母也想留女儿宿在那儿。今天中午，女儿还没有回来，我再打电话，说要咥了中饭回来。下午，又与同学一起到家里来，看看电视、弹弹钢琴。听老婆说她们咥了晚饭又一起去逛街了。晚上 9 点钟我回到家，女儿还是没回来，老婆让我把她接回来。

　　我不厌其烦地讲这些，主要是想说明女儿与冯姓同学的关系非同一般。

　　她与我女儿同年出生，就是月份大了点，小学在隔壁班，同是明星舞蹈队的，女儿是队长，她是副队长。去年夏天，省里某个艺术学校来招生。她俩都去报名，我和老婆的观点是让女儿去试试看，见识见识，读是不去读的，像她这个年龄应以学文化为主，确实有特长，等高考时再去报考。结果，在初试的时候，冯同学因身材比例不符舞蹈队员身材的要求，没有被录取。但她人长得眉清目秀，声音又甜甜的、细细的，招考老师建议她报考越剧班，最后被越剧班录取了。因此，已经在杭州学习了两个学期的越剧，每次回来与女儿都有说不完的话儿。

　　女儿在车上告诉我，冯同学在学校只学唱腔、化妆，很是自由。言语中流露出羡慕的神态。我说，你也想去报考？她说是有点想，不要像现在这样学得苦，但想想又不好。我问为什么。她说冯同学曾到上海当群众演员，翻了四个筋斗，得了六十元钱，连车费都不够；她的学姐，有的跑龙套，有的打工，如果专业不学好，是没有出路的，现在每个学期学费一万多元，那不是亏死了。再说，那是没有退路的，不可能学不行，反过来再学文化课的，只能一条路走到黑的。

"嗯。"女儿轻轻地叹了口气，"还是先学好文化，以后选择的余地多一些。"

女儿的一次经商历程

对我来说，5月，是黑色的。特别是五一假期，于我更是忌讳。二十年前（1991年）的5月，我被查出重症；十年前的5月1日，被疑为重症复发，住院治疗；四年前的五月，被查出重症复发，住院手术治疗……上个月（2009年4月），体检时，发现左肾上有错构瘤，需进一步排查，想5月11日至17日在省委党校学习时抽空到大医院检查，这样可以避开黄金周。不料，七十二岁的老母亲因感冒、发烧，从4月28日开始进医院挂吊瓶。两天后，低热未退，5月1日，继续挂盐水。

原先我们几个朋友约好，在"五一"的小长假里，一天到摄影基地；一天到我丈母娘家打打牌、拍拍照，和孩子烧烤；留一天大家自由活动。因母亲生病，计划打乱。

5月1日，医院医生护士开始轮流休息，可病人"五一"病痛不休息，患者多，医生护士少，挂号、缴费、拍片、就诊……人满为患，母亲感冒进医院，验血、尿，拍胸片，还建议做CT。9点拍的片，要11点才能出结果。虽然我们知道母亲没有什么大病，拍的胸片结果肯定是良好，但只能等。大家都在医院门口陪着母亲，女儿看见有个小商贩手里提着一扎氢气球，球体上印着卡通人物或青春偶像，就与卖气球的人攀谈开来。10点半，等我取回母亲的胸片时，女儿已手提一把气球在推销了。胸片结果自然是好的，医生开了二百多元的药水，给母亲挂上。

中午，女儿回来，告诉我她的经商经历。先是花四十五元从商贩那里买了（批发）十六个气球，然后以五元一个推销出去；卖掉

第十个时已拿回成本；接着四元一个又卖了两个，最后留下四个自己玩。她说，不到三个小时，赚了八元钱和四个气球，自诩有商业头脑。并问我，我们这里暑假期间有什么大型活动，若有，卖荧光棒肯定赚钱。我告诉她7月份要举办"迎七一"歌咏比赛。她思考了一下，说太正规的活动，荧光棒是没人要的。我问她这次经商的感受如何。她说还可以，就是碰到一件揪心的事。有个小男孩，四五岁，看见气球漂亮，要母亲买，母亲不买，小孩就哭了。我觉得可怜，就送一个给小孩，不想小孩的妈妈一把抓住小孩的手，强行将小孩拉走，小孩哭了，我也哭了，世上哪有这么狠心的妈妈。

女儿十五岁了，今年初中毕业，不是死读书的那种孩子，学习成绩中上水平，舞蹈、钢琴练了十多年，为人处世得体，有颗善良、正直的心。

不过，女儿不是做生意的料。

常　识

　　今年（2009 年）的 5 月底 6 月初，女儿与学校几个不爱学习的同学打成一片。那几个同学衣着怪异、新潮，老师拿她们没办法。看我女儿与她们寸步不离，怕影响女儿学习，班主任就提醒女儿："注意不要让成绩落下来。"女儿没有听，还是我行我素。班主任告诉了孩子她妈，妈妈数落几句，女儿强词夺理，还是与她们形影不离。

　　6 月 8 日的早晨，我送女儿去读书。告诉她，今年广东的高考作文题是《常识》，问她，若她写，怎么写。女儿问，什么是"常识"？我说，一般的人都懂得或应该懂得的知识，比如生产、生活中常见的"天上沟沟云，地下雨淋淋""雨打天光头（早上），箬帽挂田头""冰冻三尺非一日之寒""拔苗焉能助长""老虎屁股摸不得""兔子尾巴长不了"等。女儿说，是农谚、歇后语之类的呀。

　　我说那仅仅是一小部分。还有许许多多做人的道理、怎样结交朋友及环境对人成长的影响等，比如"近朱者赤，近墨者黑""孟母三迁"……

　　女儿沉默了一下子，说还有"清者自清"。

　　我知道她理会我说话的意图了，之后女儿疏远了她们。

父亲节最好的礼物

1991 年，父亲突然撒手人寰；我虽然结婚了，但还没有孩子。石碑上孙子、孙女一栏，我让填写"笑洋"。二十五年前（1994 年），闺女还在妈妈的肚子里，我还是取名"洪笑洋"。洋谐音母亲"杨"家，又谐音"阳"，当男孩子养；同时，笑谐"孝"，特别是"洪笑（啸）洋"，很大气的。

二十五年来，女儿亦经历牙牙学语、蹒跚学步，乖巧、黏人精、叛逆、懂事全过程。

我们对女儿是放养的，其独立生活能力比同龄人强，对外待人处世亦阳光。从幼儿园开始学钢琴、练舞蹈，近二十年未间断。大二开始给人做家教，赚取的生活费有余；毕业后申请到边疆支教。两年前回母校完成研究生学业；2019 年 11 月，与杭州求是教育集团签约，2020 年以第一名的成绩（优秀毕业生）毕业。

6 月 17 日就是父亲节，闺女顺利毕业、就业，这就是女儿送给我的最好的父亲节礼物！目前尚缺的是一个女儿的婆家。

八、平凡生活

劳动苦并乐着

我是一个农民的儿子，自小学会了农活，无论犁耙耕耖还是割稻插秧都算得上是一个好把式，以往看到农民兄弟"田糊涂"时，忍不住脱鞋下田露一手，好教他们知道什么叫种田。

十三年（1995年）前，想发财，承包了三十亩山垄田，种上胡柚。第二年，树没长高，价格却跌了四成，从原先的每斤一元六角贬至四角，信心陡失；1999年冬的严寒，雪上加霜，胡柚全部冻落叶；三年还不了魂，十多万元的投入眼看打水漂。

不死心，2001年春将胡柚嫁接成从日本引进的橘橙，就是我们所称的"天草"。抽芽后，截枝、摘蕻、施肥、治虫，事必躬亲，节假日、双休日是我的劳动日，人家愁没地方好玩，我却有好多活要去做。平时，5点起床，人家爬山、晨跑锻炼，我便到橘山上干干活，7点半回家，温水一冲，全身精神，想到天草经精心呵护，长势喜人，心情舒畅。大块吃肉，大碗喝酒，倒床就睡，并感慨：劳动是最好的减肥药，是最好的锻炼方式，也是治疗失眠的最好方法。

可2002年一场五十年一遇的旱灾，打碎了"劳动是幸福"的心绪，我眼睁睁地看着五六厘米长的天草被太阳晒黄、晒焦、晒烂，果叶也开始枯卷，橘地附近又没有水源，可天还是一日一日地放晴，两年的心血又将付之东流。没办法，花上几千元钱买了五百多米的皮管，从"主人家"将自来水接到橘地，两分钟接一桶水约二十斤浇一棵树，从早上5点到10点钟，晚上5点到次日凌晨2点，三天一个轮回地浇。夜间浇水时，外面水喷树，里面汗流浃背，外面透着电筒的微光，里面充满丰收的希望。经过两三个月的奋战，取得了丰硕的成果。

当年采摘了两万多斤天草。由于个大、色红、味香，是水果类之上品，因而，价格不菲，每公斤八元还供不应求，这年就拿回所有的投入。

接下来的几年里，我还是起早贪黑，利用一切休息时间、节假日，修剪、梳果、施肥、治虫，虽然辛苦点，但劳动后精神舒坦，又充满乐趣。采摘的水昊，因为变异，品质一年不如一年，但由于朋友的帮忙，价格没怎么下降，还是不用愁销路，每年也有个两三万元的纯收入。直到去年（2006年）底，家人极力反对我继续种植水果，加上承包期也只剩两年了，我同意将地转给一个远方亲戚种植，可他舍不得投入，果树衰败，他干脆不管理了，以致果园荒芜。我甚为心痛。

我留恋过去劳动的日子，劳动苦并乐着。

房　奴

今天是（2008 年）元旦放假的第二天，是个晴好的日子，虽然早上气温零下一摄氏度，是我们浙南地区今年入冬以来最冷的天气，可中午太阳晒得暖烘烘的。应朋友之邀，我们平时一起玩的几个人带着老婆、孩子到他新建的房子晒晒太阳、打打扑克，吃了晚饭才回来。

朋友的新房建造在离城三千米的近郊，因其老家在山区，近年政府鼓励老百姓下山脱贫，在城郊规划了一片土地，让下山的山民建房，朋友的母亲符合条件，故建了一幢占地八十平方米的三层楼房。里外装修一新，新置的家电、家具好是慕杀人。老婆看了喃喃道："我那里明年要怎么做怎么做。"

我出生在农村，老家离城市只两千米，刚开始工作时是在山区教书，每星期回来，住在家里。三年后调到机关工作，并与相恋四年的女友结婚。小夫妻为了自由，在城里租房别居。20 世纪 90 年代初，刚实行房改，我是新到单位的人，没有分到任何房子。租了六年房，搬了两次家。女儿三岁时，老婆所在的教育系统集资建房，她符合条件，可以参加集资建房。1997 年，我们搬入自己的房子。房子一百一十五平方米，还有个十二平方米的柴火间。装修是我设计的，挂了吊顶，糊了墙纸，贴了墙裙，富丽堂皇的，像宾馆。老婆很高兴，说终于有自己的房子了，处处表现出心满意足的样子。过了四五年，政策放开，允许单门独户联建或盖别墅，当初没有分到房的朋友大多建起了新房。而我们把积蓄全花在集资房和我的农业综合开发上，且房内的墙纸也开始"起"了。老婆渐渐地对房子不满意了，常常唠叨，是不是把这套房子卖掉，自己再盖别墅。可她是家庭的经济大臣，知道家里的经济状况，只好将就住几年再说，但要换房的初衷一直没有改变。

2004年以后，国家对土地的管理更加严格，政府不再供应给个人建房的土地。因此，要在城里盖别墅的愿望已经不能实现，但老婆买房的决心已经下定了。这时，我们夫妻俩的工资收入加上农业综合开发有了点效益，还有其他投资有点回报，手头上有点钱了。于是，去年的七八月份，在城里中心地段，买了全城最高的一套复室，面积二百三十平方米。把所有的积蓄抖完又向亲朋好友借了钱，交了首付和办理房产登记手续的费用。我劝她把集资房卖掉，并收回投资，这样可以付清房款。可老婆不同意，说那样不合算。最后，以我的名义办了按揭贷款。老婆就开始忙乎起来，说过了春节动工装修房子，这里怎么设计、那儿怎么装修，明年搬到新房子过年。又显得满足了。

可以后的二十年，我的工资都被扣去还款，我真正成为地道的房奴了。

买　菜

今天（2008 年 1 月 26 日）又是星期六，我与女儿一起起床，她到学校参加期末考试，我爬山晨练。从昨天开始，阴雨绵绵，老婆（气象部门工作）播报有雨夹雪，可今天是只下了雨没有下雪。爬了低山，练了气功，喝了早茶，下山后，咥点早餐，直接走到办公室，改改材料。

由于气温低，老婆一直赖在床上不肯起来，11 点钟她打电话来，让我路过菜市场，买点青菜回去，她就不出门了。

平时，应酬多，三天两头在酒馆、饭店里咥，与老婆孩子一起咥饭的次数很少，虽然也喜欢炒几个小菜下下酒，可菜的价格却不甚清楚。走到菜市场，看到一个老农穿着朴素的衣服，戴着顶破帽，双手缩在袖子里，地上摆着两畚箕绿绿的油冬菜。我让他给我称两棵来。菜农往塑料袋里塞了七八棵青菜。我心里想，只有两个人吃饭，哪里吃得了那么多的菜，要十来块钱了吧，又碍于男子汉的面子不好说。"六斤多了，就拿两块钱吧，反正是自己种的。"我问："多少？"他重复道"两块"。我是农民的儿子，从小就跟着父母种过菜，知道种菜的艰辛。现在什么东西都在涨价，唯独老百姓种的青菜还是这样廉价，真是菜贱伤农啊，若不是雷雨天，我恨不得把整担青菜买来，挑回去做捞汤菜。

再走到卖肉的地方，不管熟悉的还是不熟悉的杀猪老司都向你招揽生意"老板，猪脚""老板，夹心""老板，排骨"。我走到一个肉摊前，叫杀猪老司给我砍点"三层"（五花肉）。老司用刀比画，这么多可以了吗？我说可以。手起刀落，搁到电子秤上一称说三十五元钱。"多少？"老司眼也不眨"三十五元"。不好分辨，只好付钱。哎，常言道：养猪的不如杀猪的，杀猪的不如卖肉的。一点不假，全国肉价这么贵，这些卖肉的肯定都做过梗。

像我这样不经常到菜市场的人，不知道菜的行情，又碍于面子，不去问价格，常常顾此失彼。我提着两样菜，不敢买其他的，优哉游哉地回去了。

买菜看似小事，可大有学问哪。

【自从 2012 年我自己开荒种植蔬菜开始，时令蔬菜就再没有到市场购买过。直到 2020 年 8 月，罕见的干旱致使菜地的蔬菜绝收。因而到菜市付四元买了把空心菜，妻子一摘，说太老了，没法哑的，就扔掉了，才知道现在蔬菜也不便宜了。】

出　行

今天（2008年1月27日）是星期日，我照常早起爬山晨练。雨止，天慢慢放晴，人们对翘首以待的下雪又一次失望了。还好，远处山顶上，覆盖着一层薄薄的白白的积雪，总算过了点雪瘾。我边爬山边思考着怎样到丈母娘那儿"咥酒"（喝喜酒）去。

昨天，妻舅来电话，说同村的堂弟新居落成，今天请客，叫我们一家过去咥"竖厝酒"。老婆问我怎么去，我说明天再说吧。

丈母娘家离我们只有十七八千米。二十年前，我与老婆（当时女朋友）相识、相恋，那时年轻，骑着自行车晚上去，夜里回来，心里乐滋滋的；结婚后，我骑着"永久"牌自行车，带着老婆，优哉游哉地慢慢蹬着，偶尔由老婆骑着搭我，也不觉得有多累。女儿出生后，一般坐车回去，连坐带走个把小时。再过个十几年，我进了机关单位，老婆在离城一千米的郊区教书，买了辆轻便摩托车，从此，回娘家就骑摩托车回去。五年前（2003年），我考了驾照，到丈母娘那儿就开车去了。

我开的车暂借于妹妹了，由于妹夫出车祸，把崭新的奥迪A6头部撞碎，躺在金华待修理；他就把妹妹的雪铁龙车子开到江西的厂里去，妹妹在离我们这里六十千米外的地方也办有厂，年关将近，有许多事务要处理，我叫她把车开去用段时间。因此，今天怎么到丈母娘那儿去成了问题。昨晚，我对老婆说，我们坐班车去也可以的。四五年前"江南大道"经过丈母娘家门前，很方便的。老婆说，女儿期末考试最后一门结束要到11点，再回去12点之前肯定赶不着，客人多多的让大家等不好的。我思索一会说"去借辆吧"。

向谁借呢？下山的路上我把有车的朋友在脑海中过一遍，还没有确定今天谁的车有空时，手机铃声响起，是妹妹打来的，说昨天弟弟已回来，今天一起去厂里，她就坐弟弟的车，叫我把车开过来。我直奔妹妹处，开回车，11 点，载着妻女到丈母娘那儿咥酒了。

想想二十五年前，学校一放假，我就会步行二十里外的大山砍柴，肩挑百斤以上的柴火，二百米一歇，一个多点能回家。随着社会的发展，道路设施的改善，交通工具的进步，人越来越依赖物质文明的成果，惰性完全显现，作为自然人的一些能耐逐步衰退，以致没了交通工具就不知如何出行了。

【还是女儿有魄力，2014 年寒假时，约了表哥从杭州步行回家。他们走了四天，锻炼了意志。】

天道酬勤

今天（2008年3月1日）朋友请吃晚饭，7点半就回家了。老婆还在快走锻炼没回来。女儿也不在家，说有个同学生日，一起聚会去了。我这么早回来干点什么好呢？这里探探、那里瞅瞅，在厨房的旮旯看到三个月前酿制的一坛葡萄酒，我想今天得空，把它滤沥澄清。

自从前年下半年开始，我改成喝葡萄酒以后，除了买一些干红葡萄酒外，我们自己也常年酿制葡萄酒。葡萄酒的酿制特简单：将葡萄摘下洗净、晾干、捏碎，按四斤葡萄一斤冰糖的比例，把它们装进容器，密封发酵。温度高的天气十五天、温度低的天气三十天就可以启封，捞出浮在上面的葡萄皮和渣，再用纱布过滤一下即可。

三个月前，我与老婆买了六小篮紫葡萄，将其酿在一个大的酒坛里，准备过年时喝的。由于年前气温过低，原来发酵一个月就好的葡萄酒，到了一个半月还没有什么动静，我叫老婆用棉絮围在酒坛的四周保温。老婆一怕麻烦，二怕脏，一直没有采取保暖措施。我启开封闭的塑料薄膜，一股葡萄的清香扑鼻而来。伸手一摸，葡萄还是一颗一颗的，没有怎么发酵，葡萄汁冰冷得像刚从冰箱里拿出来一样。我把它们舀入玻璃缸，加进一点点冰糖，等第二天放到阳台晒晒太阳，加加温，让它们继续发酵。

俗话说，一分耕耘一分收获。酿葡萄酒，仅懒了一下，没有拿点东西保温，致使其不能发酵成酒。学生学习、农民种地也是一个道理。

我过去承包橘山的地方，有户人家，六个姐妹一个兄弟。这个兄弟好吃懒做，说天知"天文"、说地知"地理"，就是怕干活。家里一塌糊涂，七八年前老婆贴了他一万块钱离婚改嫁了；三年前，母亲和姐妹们凑了钱，让他再娶了媳妇。可这个老兄恶习不改，这里躲一天与人聊聊天，那里借故吃餐饭混一天，种下的茶叶没有草高，吊瓜烂在田里头不收摘；"双抢"季节，充当"好汉不赚六月钿"，在家睡懒觉。儿子读艺术类大学花费大，都是这个姑姑拿点，那个姑姑拿点，或者这里借点，那里借点，家里穷得叮当响。去年腊月廿八，这个老婆留下"没法过，离婚"的话，又回娘家过年了。在当今我们普通民工工资每天都七八十元的时代，还这么穷，没有什么好怪的，要怪只怪他的懒惰。

哎！天道酬勤一点不假。

【后来，由于新农村建设，这个兄弟在城郊安排了两幢宅基地，他卖了一幢，把钱拿去盖了一幢新房子，可习性就是不改。】

采　茶

　　今天是（2008 年）3 月 23 日，星期日，春光明媚，昨晚刚下过一场雨，空气显得特别清新。早晨起来锻炼前告诉老婆，我白天回老家，看看弟媳那儿采茶不，若采茶，我就在那儿帮助摘茶叶了。老婆说一个大男人的采得什么茶？

　　我们这里是江南茶叶盛产区，浙南茶叶市场交易量和交易额都居浙江省首位，所产的"银猴"系列茶，是知名品牌茶叶，早在 1929 年就获得西湖国际博览会金奖。现在茶叶已成为我们农业的主导产业，茶叶的收益也已成为农村老百姓的主要经济来源，因此，基本上家家户户种植茶树。

　　我的老家在郊区，至今还没有被征用土地，母亲的加上兄弟家中农业户口的田地还有十余亩。因家人全不种田，这些田地或租给人种，或荒芜。前年，弟媳在江西的父母过来，给弟媳种植了两亩白茶，管理得勤又舍得投肥，长势蛮好，想不到今年就可采摘了。最近春茶开采，出现采工荒，包车到云南、贵州、湖南、江西等地组织妇女到我们这里来采茶，包咥包住，按斤计酬，手脚快的一天可得报酬上百元。

　　8 点半，我到弟媳的茶园，只见七八十岁的姑妈、姨妈、小婶、母亲还有弟媳及弟媳江西的两个亲戚等人早已在那儿采茶了。母亲见到我来，既高兴又极力劝阻我真的下地采茶，说你肚子那么大，弯不下腰来的，一弯腰就会疼的，我坚持下地采摘。我是农民的儿子，什么农活都会干，并且干得比农民还农民。读大学时，暑假回来赚插田工钱当生活费，那时一天要插一亩两分田，得十二元，20

世纪 80 年代初，我一个学期的学费只三十元，一个暑假干下来，学费、生活费都有了。20 世纪 90 年代初，又承包了三十亩地种植水果，又懂得了种植业。去年原想再去承包土地种植茶树，亲人出于我的健康考虑，不赞同我种植，我只得作罢。

　　采不了个把小时，弟媳让我开车送她去卖茶青，八九个人采了七八斤，送到五千米远的路边交易的地方，以每斤五十六元出售。她说一天一个价，昨天上午七十元，下午因雨五十元，只要五十六元一斤的能多卖几天就行，现在每天都有一千元以上的收入，满足之情溢于言表。

　　下午 4 点钟回来，洗了个澡，浑身舒泰，举举手伸伸腰，隐约有痛感。好长时间没有这样弯着腰干那么长的活儿了。

　　是啊，锄头不用会生锈，人不劳动会变懒。

我们也是被感动的人

2008 年，"5·12"汶川特大地震，瞬间夺走了八万多我们同胞的生命，在突如其来的天灾面前，有母亲用弯曲的身躯护着孩子，有老师在三尺讲台遮着学生，有同学自断手臂为同学让道逃生……灾难发生后，我们的子弟兵奋不顾身抢救被困的群众；党员干部不顾自己亲人被埋废墟底下，组织大家撤离险境；年轻女护士，忍受失去爱人的巨大悲痛，擦去眼泪，投入救治伤员的行列中……每当电视荧屏中出现这些感人的画面时，我不禁潸然泪下。其实，感人的场景不仅仅发生在地震现场，我们周围也有许多感人的人和事，我们自己也是被感动的一族。

一

我每天晨练爬山的地方，山腰有座寺庙，庙祝是位六十多岁的老人，老人慈眉善目，每天给我沏一杯绿茶，等我从山上下来，刚好可以喝茶。管委会每月付给他的工资只有二百元，他平时靠卖香烛和为香客"写缘"抽点利作补贴。阴历初一、十五，是善男信女拜佛的日子。5 月 19 日，大地震后的第一个佛期（阴历十五），寺庙来了许多香客，他们进香后，向寺庙写缘，庙祝劝他们不要在这里捐钱，"你们把钱捐到四川地震的地方，把钱捐到那里，比修桥铺路、捐给寺庙更修福"。

太淳朴的语言了。

二

地震发生后，我们政府迅速组织大家为灾区捐款捐物。我单位有位同志，因健康原因长年吃药在家休假。因此，考虑他平时要花钱买药，经济不宽裕，我让办公室不要通知他来捐款。可是，当我们在政府大院门口举行第一次募捐活动的时候，他来了，他说也尽份心意吧。我们第二次捐款——"缴一次特殊的党费"时，他在外地看病，打电话委托同事给他先垫缴三百元的特殊党费，为灾区人民献爱心。

这就是我们身边的人。

三

"5·12"汶川大地震后，我们一家三口人，只要在家聚在一起看电视，只看有关灾区的情况，谈论最多的问题，也是如何为灾区人民做点有益的事情。一天（5月24日）晚上，十五岁的女儿放学回来，向我们提出"是否可以到四川领养一个残疾儿童？"她妈妈告诉她，怕政策不允许，否则，是可以的。第二天晚上放学回来，女儿满脸的沮丧，问其故。她说去了解过了，只有没有孩子的家庭才可领养孤儿。"哎，都是因为有了我，不然的话，你们也可以领养一个残疾孤儿。"好像是她的错一样。

是啊，我们常常被许多人和事感动的时候，自己的言行也会感动人家。

生活没有欺骗我们

昨天（2008 年 5 月 27 日），我与老促会和博物馆的领导到松（阳）遂（昌）龙（泉）交界的小吉村，实地勘察、研究、确定革命遗址修复、布展的事宜。1935 年 6 月，刘英、粟裕率领的红军挺进师在这里召开政治委员会会议，成立中共浙西南特委（现在丽水市委的前身）、浙西南军分区等党政军组织。这是挺进师一次重要的会议，我们决定对会议的旧址进行修缮和布展，开辟为爱国主义教育基地。

小吉村离县城里八十余千米，因都是山区，小车亦要行两个小时，好在"康庄工程"把路面皆硬化。我仅今年就去了三次，对路况熟悉，所以车开在前面带路。上午 11 时许，车行到离小吉村十千米的"南胜村"后的上坡路时，坐在副驾驶室的女博物馆馆长，突然缩紧身子，起鸡皮疙瘩；我用余光看见路旁一条比我手臂还粗（直径大于十厘米）、两米多长、黑黑的大蛇在游动，我把车子靠边停稳下车，蛇已不见踪影，女馆长还惊魂未定。她说："当初，还以为是谁，把树横在路中间，怕车开不过去，正想说的时候，那树动起来了，仔细一看是条大蛇，吓死我了，只有在动物园看见过这么大的蛇。"我说，我也是第一次在野外看到如此大的蛇。

过了一会儿，一老农挑了一担柴火回来，我把所见给他一描述。他说："这蛇叫黑菜花（乌梢蛇），无毒。今天天气闷热，蛇出洞，贴在水泥路面取凉，说明今天会下雷雨。"

我们到小吉村，看了遗址，对如何维修统一了意见。老区人民好客，一定留我们用了中饭出来，下午两点，车子开到大蛇出没的地方，乌云密布，雷雨交加。兑现了老农的分析，符合天气变化动物异常情况。

【在我们这里，自然界的一些现象就是某些极端天气的前兆。出现成群结队的"大水蚁"，接下来就会发大水。龙蟠（蚯蚓）爬出地面，也要发大水了。犬喝水，大旱继续。咕咕呢（布谷鸟）叫，天晴继续……】

又当回裁判

今天（2008 年 7 月 18 日）上午有客人来，送她们到箬寮山庄，吃了中饭，立即赶回来参加文化部门召开的非物质文化遗产名录推介征求意见会。与会人员积极发言，会议 6 点才结束。

在去箬寮的路上，政府办公室的朋友来电话，说晚上与宣传部有篮球比赛，请我给他们当裁判。我想这是老皇历了，谁翻出来的？自己挺着个大肚皮，还跑得动？不过还是答应了，晚上去吹一吹哨子。

因一直都是在比较大的学校读书，篮球打得还算规范。读大学的时候，也经常打篮球，参加班组比赛。可客观条件使我自卑：一者个头只有一米六八；二者戴着近视眼镜，常常碰破眼镜。因此，决定改行当裁判。二十几年过去了，步入中年，戒烟后，体重在不断增加，到现在已达一百六十斤。裁判是体力活，要跑得起来，所以，只是偶尔当一回裁判而已。

我如约到了灯光球场，两个球队的队员、领队、记录记分人员以及啦啦队等都已到齐，比赛即将开始。

因宣传部队员平时多加训练，有几个年轻小伙子个高力壮，并且配合有素，所以一上场就占尽上风。政府办公室的，虽大多也是年轻人，可身高、体力、配合、球技不如人，最后以较大的比分输了球。

比赛分四节，总共一小时（比正规比赛少了十二分钟），我全场跑下来，没有一根衣丝是干的。不过还不会觉得很吃力。两个队都是我的朋友，我只能秉公执法。当然，不是很严，我们的队员都是业余的，能放过的基本放过不吹，个别队员动作不规范还埋怨裁判的，那就另当别论。

是啊，裁判首先要懂规则，但更重要的是公正。可公正了，必将得罪人。

裁判亦难！

今非昔比

昨晚（2008年8月23日）受台风"鹦鹉"的影响，下了一阵子的大雨，天气骤然凉爽了些许。我们浙西南地区有句农谚，说过了立秋后，雨是"下一洒，凉一下"。加上今天是星期日，清凉好睡，约7点半，二哥来电话，把我从睡梦中吵醒。他通知我，明天二叔的第二个儿子的女儿因考上大学要请客，让我一家人回老家喝升学酒。

其实，我最近这几天，都在喝亲戚朋友为孩子所设的升学酒。老婆数了数，说有九个亲戚朋友的升学酒要去喝。其中，五个是朋友、三个是亲戚，还有一个是我以前种橘时的"主人家"。

朋友那里好说，他们经济条件都可以，包个红包，凑个名分，大家高兴聚一聚就是了。亲戚中，有两个家庭条件蛮好，供孩子读书的钱是不用愁的。还有一个是娘舅的孙女，因表弟十五年前出车祸去世，她母亲后来重新组成家庭，继父对她也好，家庭条件不错。但我作为长辈，应包个红包给她，表示祝贺。

最令人担忧的是"主人家"那户。儿子学美术，被浙江理工大学录取，每年的学费是两万元，学美术的费用大，加上生活费，一年下来没有三万元是不够的。可我的这位老兄，兄弟姐妹七个，父母因唯他是儿子，宠他惯他，姐妹让他，把他养成好吃懒做的习惯。这次儿子的学费一下子要交那么多，傻眼了，前不久从温州回来，动员儿子不要上大学了，被我训斥一通。只得厚着脸皮，向姐妹们伸手要钱，向朋友们借钱。以前，过年时我都拿几百块钱给他儿子读书用；这次读大学，那就更不用说了。

　　当年我读大学的时候,学费只要几十元,每个月还有三十斤饭票、二十三元的菜金补贴,生活不用愁。我在暑假时给人家插秧一天可以赚十二元(十元钱一亩),一个暑假下来又好几百元,交学费、零用都解决了。而今动辄六七千元的学费,高的几万元,加上孩子浪大,一个月生活费连同开支也是几千元。好在现在大多数的家庭经济收入比以前高了,加上家长早有准备,一般的家庭都负担得起。像我的那个老兄是应另当别论的。

抓大猫蜂

（2008 年）国庆长假，与妻女到丈母娘家。丈母娘家在农村，有许多自产的橘子、板栗等水果、农副产品。老丈人对外甥女说："要不是大猫蜂，肉柿也有的咥了。"原来大猫蜂在柿树上，做了一个比箩筐还大的蜂窝，因而，他不敢摘柿子。我说有个朋友会抓大猫蜂，下个礼拜，我请他来抓就是了。

12 日，星期天。丈母娘家的事不敢怠慢，请朋友联系会抓大猫蜂的人。那人是个办毛刷厂的老板，因平时收购猪毛，故外号叫"猪毛"。我与他有几面之缘，且在他家吃过饭，也曾请他喝过酒。听说给我老丈人抓大猫蜂，就力邀我们到他家吃晚饭，等吃好饭，蜂已归巢了，刚好去捉，并放言若我们不去咥就不给我抓蜂。我和两个朋友驱车十千米到他家，他的爱人已准备了一桌的酒菜，黄鱼、牛头、多宝鱼，还有一道油炸蜂蛹；酒有蜈蚣酒、大猫蜂酒、葡萄酒等自制的酒。宾主你来我往，都是好酒量，不一会儿，其他三个男的，已半斤多白酒下肚。我尝了一口蜈蚣酒、一口蜂酒，就与主人家嫂喝葡萄酒了。约 7 点半，我们仨和"猪毛"夫妇共五人到我岳父母家，由年逾古稀的老丈人带路，打着电瓶灯到离家三里地的橘山上抓大猫蜂。

大猫蜂，就是老虎蜂，个大凶猛，褐色有斑纹，腿部长着茸毛清晰可见，蜂刺粗长，飞动时翅膀震动得嗡嗡作响，受到威胁时，群起而攻之，毒性大，轻者伤，重者亡。

橘山上种的是椪柑，零星栽了几棵杨梅、李子、桃子和柿树。柿树高大枝粗叶茂，蜂巢就筑在离地二点五米高的柿树主干上，并包了许多的枝干，长得不规则，有点像钟乳石，真的有箩筐那么大，洞口在底部。"猪毛"说，抓了那么久的蜂，还是第一次见到这么大的蜂窝。七八只执勤的工蜂听到人声看见电瓶灯的灯光，马上警觉起来，竖着翅膀，爬动加快。我们探讨抓捕方案。"猪毛"决定，把柿树拦腰锯断，等柿树倒在地上再裁去蜂窝外的枝条，然后用蛇皮袋或布袋把蜂窝套进去，最后剪去袋口外的枝叶就是了。"猪毛"的爱人戴上头盔，穿上皮衣皮裤开始锯树。一有震动，不仅执勤的工蜂振翅警告，连巢内的群蜂也出洞了，围着电瓶灯的灯光飞攻。我们马上关掉灯光，蹲在地上，一动不动，屏住呼吸，等大猫蜂觉得危险消除又开始进巢的时候，"猪毛"让我到岳母家装瓶白酒来，大家喝了好壮壮胆。等我打好酒，并把车子开到山脚下时，他们已抬着装有蜂窝的蛇皮袋下山来了。看看时间，是10点半。

大猫蜂虽凶猛、毒性强，但蜂蛹营养高，炒炸香脆可口，真是美味佳肴；大猫蜂、蜂巢浸酒，祛风湿关节疼痛。因此还要把蜂一颗一颗抓起来放到瓶子里去，然后取蜂蛹，掰蜂巢。那么怎么抓蜂呢？

回到"猪毛"家已是11点，马上吩咐其妻子烧点心，说今天刚好有新鲜的犬肉。我们说等犬肉烧起来吃得了，那要天亮了，还是早点把蜂处理好，回去休息。"猪毛"说，急不来的，要把大猫蜂连巢带袋放在冰柜里冷冻个把小时，使蜂呈冬眠状，然后将其一个一个地夹到瓶子里。朋友知道我是厨师，让我烧犬肉，才把犬肉切好，"猪毛"的爱人就叫我到楼上去喝茶，让她烧就是了。

不到一个小时，女主人招呼我们犬肉已烧好，可以下楼咥了。"猪毛"打开冰柜看看蜂的动静，根本没有起作用，蜂还活跃得很呢。不管它，先咥犬肉，免不了又是喝酒。"猪毛"怂恿我们咥浸泡过的大猫蜂，并身体力行，津津有味地咥了起来。我以前从未尝过，试着去头掐翅拔刺，小心翼翼地放在嘴里嚼了几下，除壳硬外，有一点点肉，微甘，其他朋友也学着咥了几只，说嚼一嚼只有一把渣而已。

又过了个把小时，蜂依然如故，有几颗甚至咬破蛇皮袋在外面飞来飞去，我们看情形一下子弄不好，对"猪毛"夫妇说，明天辛苦他们把蜂夹到瓶子里去，下午送下来，晚上一起喝酒。

第二天（13 日）下午 4 点钟，"猪毛"来电话，说这窝大猫蜂很厉害，生命力很强，冻不了它，他妻子去夹，被蜂蜇了几针，痛得不得了，前额都起包了，可能要再冻一天。朋友让他把蜂窝拿到我们这里冷冻，并邀夫妻俩过来咥晚饭。

晚饭放在一个小酒家里咥的，一者这里有特色菜；二者可以自己带酒，我带去自制的葡萄酒三斤、陈了五六年的药酒二点五斤，还有猕猴桃酒二点五斤；三者老板娘说有个冰柜速冻的效果很好，可以供我们使用。一桌人，两个小时，把带去的酒喝完还不够，我说车子的后备厢里还有一坛四十斤装的高粱烧，大家说喝啤酒吧，就你一瓶我一瓶又喝起来。一会儿，"猪毛"有酒意了，与这个比喝与那个比喝。他不知道我的这些朋友个个酒量过人，喝啤酒的论箱，喝白酒的论瓶，喝黄酒论斤。一开始斗酒，大家就热闹起来。我由于身体原因，只能喝葡萄酒，且只能少量的。

9 点来钟，"猪毛"的爱人试着打开冰柜的盖子，附耳贴近装蜂的蛇皮袋听了听，说只听见爬动的声音，可以夹蜂了。于是小心翼翼把蜂巢底朝天，割开蛇皮袋，用镊子快速夹起蜂来。我壮着胆拿了双筷子，也学着夹蜂，把蜂夹到有洞的可乐瓶子里。刚开始，蜂被冻得腿脚麻木、行动不便，可一会儿，气温一升高就还魂，行动利索，一不小心就飞出蛇皮袋，并且逃出去的蜂越来越多。突然，我的右上臂焦裂地痛，知道已被大猫蜂蜇了，马上扔了筷子捋上袖管，拔出蜂刺，臂上留下一个小洞。向老板娘索要了清凉油涂上去，减轻疼痛。一起喝酒的，回去的回去、醉的醉，留下清醒的只有"猪毛"的妻子、一个朋友的爱人和我三个人了。一个人夹，一个人要端瓶子，不时抖动，以免大猫蜂爬出来逃走。为了早点结束捕蜂行动，我还是硬着头皮又加入夹蜂战斗中。

大猫蜂的蜂巢，分层筑建，蜂洞（眼）呈六角形，层层相连又相通，材料既软又有韧性。大猫蜂很聪明，见有危险，或振翅遽飞，或快速逃遁。我们夹了一层后，"猪毛"的爱人就用刀割一层，蜂巢里有很多蜂蛹，乳白色，蠕动着，"猪毛"过来撮起来就往嘴里送，"好哇，好哇！"我们劝他到外面客厅吃去，不要打搅我们。

蜂巢总共有七层，我们用了近三个小时的时间才把蜂夹完，夹了近两个大半瓶，蜂、蜂蛹带巢我与朋友两人分了。在夹蜂过程中，大多数人都被大猫蜂蜇过，像我被蜇了四枚，双臂加左前胸都被叮过，那疼不是一般的疼。

收工后，我与朋友又请"猪毛"夫妇哇夜宵、喝酒。之后，回到家把大猫蜂、蜂蛹、蜂巢浸入高度的高粱烧中，此时已是凌晨3点了，抓大猫蜂的行动才真正结束。

时来运转

前天（2009年6月4日），下午临下班的时候，一朋友来办公室，说最近觅得三块玉，圆形，中间镂有一小圆，大圆套小圆，可以转动的，叫"时来运转"，让我去看看，若喜欢，就挑块来。

我抽烟时，集打火机，各式各样的打火机集了几百个，可女儿慢慢长大，一个一个把它们拿去玩，最后七零八落。之后，集古钱币，也曾一度入迷，所淘的铜钱、银圆也被女儿玩完了。20世纪90年代中期，对矿石感兴趣，家里堆满了各种矿石的标本。20世纪末开始，对瓷器感兴趣，瓶瓶罐罐的，不管是否刚从坟窟里出来，就往家里搬，但始终没有极品。最近五年，对玉的嗜好胜过一切，特别对古玉情有独钟。朋友知道我的爱好，手头有好东西了就来告诉我。

天灰蒙蒙的，下着瓢泼大雨。我开着车大灯，十分钟左右到朋友家。朋友拿出用棉纸包裹着的三块玉佩。三块玉佩形状一样都是圆形，直径三厘米，圆心处镂有"卍"字，之外是直径一厘米的小圆，镂空的，犹如镶嵌在大圆之中，因雌雄糅合，可旋转。大圆外沿雕有凤凰图案，中间粗略画了几横，算是八卦图形。厚度约两个毫米。颜色从青到蓝不同。

我看了以后，知道这东西叫"转心佩"。但这个东西是后仿的且质地也是普通的水玉，雕工粗糙，心里不喜欢。朋友给我挑了一块，说拿着"时来运转"，图个吉利吧。

天还是灰蒙蒙地下着大雨，倒车时，后视镜被雨水蒙着，只凭感觉倒车。突然，"砰"的一声，车后保险杠撞到墙角上了，下车一看：保险杠裂、后盖瘪。老驾驶员出现低级错误，还"时来运转"呢？

晚饭后，用清水浸泡这块玉，用刷子洗刷；睡觉的时候，双手奇痒，起床给身体消毒，折腾到凌晨。"什么时来运转。"

第二天上午 10 点钟左右，朋友又来电话，说他的一个玩玉的朋友今天从金华来，让我吃中饭时一起会会。我勉强答应了。金华的这个朋友，性情中人，喝酒豪爽，半个小时不到，各人一瓶红酒下肚。虽初次见面，却相见恨晚，极为投缘。一会儿，朋友把挂在脖子上的挂件摘下，挂在我的脖子上。挂件是块羊脂玉，没有雕琢，像动物的牙齿，十分地锋利。他说挂了五年，没有离开过身体，可以辟邪，与我有缘，送给我。我虽然很是喜欢，但知道那挂件价值不菲，极力推辞，更不能夺人所爱。朋友说我再推辞，就是看不起他，要跟我急，酒也不喝了，我只好恭敬不如从命，"笑纳"了。

我知道这玉也不是籽料，是再普通不过的料子。但来自投缘的朋友，就当真正的"时来运转"好了。

自己动手，丰衣足食

我出生在农村，生活在农村，从小耳濡目染了父母对农产品的加工方法，工作后又学会不少日常生活里的小制作。

（一）猕猴桃泡酒

野生猕猴桃有两种：其中白猕猴桃，俗称"毛猪儿"，圆柱形，两厘米粗，四至五厘米长，全身长满白茸茸的毛，故名"毛猪儿"；野生红猕猴桃就较为常见了。猕猴桃既有丰富的维生素，又是很好的抗癌水果，特别是白猕猴桃及其根块，药用价值很高。我们常常用白猕猴桃泡酒：选取六成熟的新鲜采摘的白猕猴桃若干，放清水里搓（如踩马铃薯的皮），直至绒毛脱净，晾干；然后，从中间切开；放入容器里，倒入五十度以上的白酒没过猕猴桃，加入适当的冰糖（十斤白酒一斤冰糖；有血糖高者，不放糖），盖上封严，半年后就可以饮用了。若防病，最好加一些白猕猴桃的根（剁碎、切片皆可）。红猕猴桃泡酒的方法更简单，猕猴桃洗净、晾干、破开，浸酒、加或不加糖都可，装瓶封口即可，半年后可以饮用。

（二）自制猕猴桃酒

自制的猕猴桃酒，是真正的果汁酒，有浓郁的猕猴桃的清香，味醇，好入口，但不好制作。其方法是：选取上等的野生红猕猴桃（白猕猴桃也一样）十斤以上，小心冲洗干净（不要搓、捏），晾干，将其装到塑料袋里密封存放在阴暗的地方，等猕猴桃九成熟（已软），捏到容器里，按十斤猕猴桃三斤冰糖、半斤高度白酒的比例加入，加盖密封，放在避光处。三十六个小时后搅拌一次，然后，连续四五天每天搅拌一次，过后密封，一个月后可以用纱布沥渣、澄清，即可饮用。

（三）自制霉豆腐

霉豆腐，含有丰富的氨基酸、蛋白质，有利于人们长寿，但亚硝酸盐含量多，会致癌。我家食用的霉豆腐大多是我自制的。制作霉豆腐最好的天气是 4 月或 10 月，昼夜温差大，毛霉菌发酵快，霉豆腐宜口且醇香。选取盐卤豆腐一块（一斤左右），一厘米见方切好，放入盘子里（豆腐卤不要倒掉），上盖纱布。晚上放在锅里，锅里加点热水，白天放在厨房餐桌上。这样，一个星期左右，豆腐毛霉菌发酵，长出黄色的茸毛，霉透即可。然后，将适当的食盐干炒至黄，倒入植物油至八分熟，加入辣椒粉、姜末、蒜末，炒一下，加入酱油、料酒，至烧开，浇到霉豆腐上即可食用。

（四）自做辣椒酱

每年的立冬过后才是做辣椒酱的好时节。选取上好的红辣椒，洗净、晾干、剁碎（剁椒的时候，要戴塑胶手套，否则，手会被辣椒素侵入有焦裂的痛感），按十比三比一的比例加入剁碎了的蒜末、姜末，加入适当的盐（尝一尝，比平时的菜稍咸一点），拌匀，装入较小的容器里（装九成满），放在避光处五六天，让其发酵；然后，用植物油或高度的白酒，倒在辣椒酱的上面封口；最后，密封，三个星期后可以食用。

（五）自制豆霉酱

我的弟媳妇是江西广丰人。以前她会从娘家带回一些江西的特产，特别是与辣有关的产品，深受我们喜欢辣味的人欢迎。其中有一款"豆霉酱"，我们非常喜欢。咥了以后，我就询问做法，也学会制作"豆霉酱"了：在梅雨季节，洗净青豆，将其煮熟透，放入篮子或筲衣里置在阴凉的通风处，约三四天，青豆霉透，加入剁碎的辣椒、大蒜、生姜和以适量的食盐。装在小瓶里，上覆高度白酒。存放一个月即可食用。

还有其他种种，都会自己制作。我喜欢制作一些食品、酒饮、小菜等，自己动手，丰衣足食。

火烧乌龟

昨天（2010 年 2 月 26 日）是阴历正月十三，年过了还不到两个星期，可感觉过了好久好久。

上午，参加"非遗集萃"评审。评审是挑刺的活，加上文人相轻，容易得罪人。好在编辑人员都是朋友，平时有沟通。因此，轻描淡写，点到为止，没有特别激烈。

晚上，朋友聚餐。相互熟悉，海阔天空，并以陈年旧事助兴，有的就多喝了几杯。我还好，控制在一瓶红酒以内。宴罢已 8 点，一朋友来电，邀我夫妇打牌。我们玩的是"黑尖"抓红五，没有意思，也没有刺激。像我们这样清玩的人为数不多了。约上老婆，上朋友家打牌。两对夫妻各自为"家"。我是这个打法的鼻祖。而老婆，不爱打牌，牌艺差，我们也就不愿与她"拼家"，只有三缺一时，让她凑一下。这样，她牌技更没有长进。才玩了两盘，见老婆的打牌水平实在太臭了，我打电话给另一朋友，叫他来接替我。

朋友来了以后，我给大家续续茶，看看电视。一个人觉得无聊，就想到晚上工作的一朋友那看看。朋友是搞青瓷的，与我称兄道弟。他白天来往的客人多，无法创作，只有晚上或夜里没有人打扰时，专心搞点创作。到朋友厂里，他已沏好功夫茶等着我了。边喝茶边聊天，我俩还有一个共同的爱好就是都喜欢玉。不免各自褪下玉佩互相欣赏。昨天，朋友佩戴的偏偏不是玉，是一片叶形沉香雕刻的观音，古朴、苍劲。我佩戴的是一块椭圆形和田羊脂玉，雕刻的是布袋和尚：大肚子、笑口开，手提布袋。质地细腻、温润匀称，雕刻精致、刀法娴熟。朋友赞不绝口，爱不释手。我说送给他，他说不能夺爱，定要交还给我。在推让中，玉佩掉到地下，清脆地碎了，四分五裂。我笑着捡起大块一点的碎玉，说这块玉与我的缘分尽了，我们与它都无缘，让它去吧。扔到垃圾桶里去了。朋友马上捡起来，说放着留作纪念吧。

告别朋友回来，用"身外之物""不该我得""破财免灾"等安慰自己，可就是心疼。

真可谓火烧乌龟腹内疼啊。

套 药

今天（2017 年 5 月某日）早上爬山，进佛殿喝茶，庙祝告知种了棵"蛇药"。我仔细一看，其果子确像蛇信。其实，我们这里蛇药多多，什么"七叶一枝花""竹叶草""大铁灯盏""蛇灭门""河白草（酸酸梅儿）"等，以至于豆腐叶柴也具有消肿去毒的作用。

记得还在乡镇工作时，在乡政府驻地有个蛇医很神，无论哪种蛇伤，他都能药到毒除，然后换药调理。所以四邻八乡有蛇伤的都会寻上门来求药。这个老兄是我一个同学的姐夫，在某工厂上班。同学一家都是工作人员，唯独他姐是个农民。之前，我常常帮她干点农活，什么割稻、插秧都做过。知道姐夫有蛇药后，曾几次相询，他就是不肯告知是什么草药。

一天，我值班，先帮姐干些农活，然后哥俩从晚上一直喝酒到凌晨。看我还没有回乡政府的意思，姐夫就匆匆到门外，抓了一把柴叶，说："这就是蛇药，但只除毒保命，要消肿伤愈需另外用药。"我一看，再普通不过的植物。虽然二十多年过去了，我没被蛇咬，毋庸应急，也没有对外宣传。那是他"咥饭"的老本，不能敲其饭碗。

因而，物物相生相克，高手在民间，不假。

我劳动我光荣

今天是（2019年）"五一"劳动节，早晨菜地因湿不能干活，我就随便买了两个包子、一杯豆浆，然后驱车五十多千米到山区朋友处挖笋；10点后回来路过公路边堆料场下车捡石头。天晴变热，见没一丁点儿有用料石，转场到山坞，饥肠辘辘，咥一个包子，喝了豆浆；然后到山场捡了三个章料，回家已12点多钟。

下午到菜地，土质疏松，先掘土豆，然后给瓜类撒草木灰（因有灯火即萤火虫为害），6点多钟回到家。

7点多钟，到办公室拿了所改稿件，到老婆单位陪其值班（气象部门防汛期间，二十四小时不能离人），我自己改稿子。

现在的社会，微信上所发的不是在这儿旅游，就是在那儿玩耍。我一个农民的儿子，不劳动浑身不舒服。

国家领导人说，劳动最光荣，劳动最伟大，劳动最崇高，劳动最美丽。

而五一节对我来说，就是劳动节。我劳动，我光荣！

九、讲讲哲理

不容犹豫

2007 年 10 月 27 日，与朋友一道欲到邻县淘宝，上午 9 点许，我们驾着车，才开出城五千米，在一段很陡的山区公路上，远远看见一女子骑着自行车左右摇晃地向我们冲来，我见状，立即靠边停车。在离我们四十多米远的地方，只见那女子的自行车"跳"了两下，便连人带车摔倒在地。几秒钟后，女子后面的一辆小车绕过自行车，扬长而去。我和朋友各自思量瞬间，朋友说下去看看，我说等会儿，先报警，便掏出手机欲拨 110。此时，一辆还没有上牌照的轿车超过我们，在那女子旁边停了车，走下四个年轻人。我们也马上下车，走到那女子旁边，看清是个年轻女子，但脸色雪白，神志不清。于是我拨 120，他们把女子抬到公路边。来往的人当中，有人指认出女子是某某村某某的女儿，但不知其家人电话。我们从女子随身的小袋里找到手机，翻到"阿妈"，与她的家人联系上。这时，女子逐渐有了知觉，睁开眼睛，问她的话，也回答得上来。我们察看了她的伤情，除了头上有个大包外，其他的没什么，只是有点擦伤而已。因我的车还停在坡路的转弯处，给来往的车辆带来安全隐患，几个年轻人叫我们先走，他们等救护车和她的家人就是。不久，我们离开现场。

遇到这种紧急情况，我的脑海里闪过搀扶老太太要赔多少钱、抓小偷要赔多少钱的案例，特别是当时，前后无人，更是有口难辩。但救人是我们的责任，是我们的良心所在。就犹豫了那么十来秒钟，我们就做出决定，实施救人行动。然而，与那四个小年轻相比，他们那种无所顾忌、见义勇为的做派，使我感到惭愧。

欲速则不达

2007 年 11 月 11 日，是所谓的光棍节，我的一个远房亲戚却订婚了。小伙子长得蛮清秀的，个子也高，近一米八。学校出来后，学了点技术，在工厂工作，可年龄还轻，再过五十几天才满二十二岁。一年前，与同厂的一安徽女子谈恋爱，今年，政府要在小伙子的村庄办工业园区，要征用土地。小两口商量把女方的户口迁过来，好可以分三五万元钱。按照安徽的风俗习惯，迁户口之前，要订婚。我这个亲戚的父亲，几年前因事故亡故了。这样，到安徽订亲的任务就落到我的身上。理由是我见过世面，知道怎么说；去过黄山，认识路途；又自己有车。我不好推脱。

早上 7 点出发，我开车，载着小两口，因大雾弥漫，高速公路封闭。开了好长一段山路才能上高速。经衢州，过常山，下高速，上国道，直奔开化。出县城不久，便是浙皖间的山区，又碰上在修建公路，行车极为困难。安徽境内只有六十几千米，竟用了两个多小时的时间。中午 12 点，才到女方的家。女方家长甚为热情，又煮鸡蛋，又烧面条。连寒暄都来不及。饭后，我把我们到安徽的意图再向女方父母重复了一遍，并把香烟、糖果、红包交给他们。他们也很通情达理，没有多说什么，爽快地接受了彩礼，答应了这门亲事。于是改口叫亲家公、亲家母。大功告成，我就盘算着，早一点返回。第二天是星期一，不仅要上班，而且按规定要坐班，今天我必须赶回去。我把当天回去的决定告诉了亲家。他们都惊讶，一定要我住一夜，第二天再走。我再三陈述理由。他们最后答应晚饭吃了让我们回来，我想这是人之常情。

整个下午，我都在考虑，回去往哪里走？来的时候，三百来千米，开了五个小时，且路况差，不好走，回去尽量不走老路。查了地图，考虑从黄山南下经江西婺源，插常山，上高速。一问，此路还没有开通。打电话回来问当地的旅游公司，他们都说，他们大多经过杭州绕一圈，这样要多走二百多千米的路程。五百多千米路，就要走六个小时了。有个经常跑江浙的老板告诉我，先走黄山到杭州的高速，到于潜下高速，经分水，到桐庐，然后上高速回去，这样总共不到四百千米，而且大多是高速，三个半小时就能到家。我心里窃喜，知道了捷径，决定就这么走。

晚上，亲家母烧了一大桌的佳肴，邀了几个长辈，算是喝定亲酒。我一门心思想早点回来，糊弄吃点，就说吃饱了。7点不到，一行三人，开始打道回府。

从黄山往杭州的高速上，限速一百码，到于潜只用了个把小时，大家心情舒畅，说再过两个小时就能到家。下了高速，是16省道，刚修好，车子开得与在高速没什么区别，大家说，决策英明，省了不少过路费。话没说完，我一个急刹，车子走不了了。下车询问，得知前面有车祸，等交警处理。一等一个多小时。通车后，许多车子你追我赶，拼命踩油门。"啪"一闪光，在分水到桐庐的路上，因超速，被拍照。看路牌，限速六十千米每小时。马上踩刹车，余光看时速近九十千米每小时，吓得一身冷汗。要扣六分，罚款数百。马上减速到六十千米每小时。10点许，到桐庐。一路指向杭州，一路指向建德。我很自信地选择了后者。进城往南走，开呀开，感觉越来越不对劲，进加油站问询，说对的。再开，是条在建的道路。调转车头，往回走，再问路，才找到上高速的路口。桐庐耽误了近半个小时。上了高速，如鱼得水。杭千高速限速一百二十千米每小时。定好时速，不时踩几脚油门。在千岛湖入口处，只开了一百二十三千米每小时，又被拍照，没办法，只好放慢速度。心情降到冰点。懒得与人说话。到家已过子夜。

许多事情往往欲速则不达。

寻　根

　　我不知道祖父叫什么名字，更不用说曾祖父了。1991年中秋前，父亲撒手人寰，离我们而去。那时，我刚从教师队伍出来，进入机关单位，后来兼做律师工作，再后来下派到基层挂职锻炼。1998年，回到机关单位，从事党史和地方志研究工作。因此，很想追本溯源，厘清我的祖先的来龙去脉，但一直没有如愿。

　　我父亲六岁时，祖父病故，为了拉扯大我父亲和三岁的姑姑，祖母带着两个儿女改嫁到城郊。为了不忘本，父亲藏了一套族谱。每年清明还到祖父坟旁祭祀。有一年，父亲上坟时，风起，纸火烧了父亲的新棉袄。父亲一气之下，隔了几年没去上坟，等气消后再去朝祭，祖父的坟墓已夷为平地。不管怎么找，都没有找到下落。祖母也在我的父母没有结婚时就去世了。我们兄弟姐妹五个，出生在20世纪五六七十年代。那时，生活苦，玩具匮乏，我们把父亲藏在谷仓的族谱偷偷撕掉，折飞机等玩具玩了，等父亲发现时，已经所剩无几。父亲没有责备我们，只在内心痛惜。父亲的突然离世，更断掉了所有上辈的线索。

　　我做这方面的研究，如果连自己的祖宗都弄不清楚，愧对这份工作，将来也无脸见祖先。因此，平时注意这方面资料的收集。前不久，听说某地有我们姓氏的族谱，马上驱车近百千米，借阅、复印这套族谱。可惜与我不同支，没有记载我的祖上。

　　2007年11月15日，听大哥说，离我们二十千米路的一个村，有我姓宗谱。第二天上午，我到了该村，访得藏谱的人家，但主人外出打工，我委托隔壁邻居转告主人，晚上再上门造访。晚上，我买了点礼品，直奔主人家。主人四十来岁，与我年龄相仿，又是同姓，很爽快地拿出宗谱让我翻阅。我一翻，大失所望，与我又不同源。只好空着两手回来。

嗟乎！只隔一代，连姓名都不存。我们还追名逐利为哪般？到最后又有谁记住你？

【在我兄弟姐妹五人中，父亲只有给我取了祠堂名，"启"字排行。目前，我们这里已收集上百个姓氏、六百多支、上千册族谱，但就是我这房没有族谱。曾到过遂昌、玉岩等地，也找过认为是同房的"宗亲"，但都没有满意的结果。我会继续留意我们这房的族谱的。】

窃偷辩

2008 年 12 月 5 日，朋友给打我电话，说有一本书已出版了，感觉蛮好，让我给过过目，把一下关，若行，刊印出来当中小学乡土教材。我说好的。第二天，他让人把书送到我的案头。我与朋友是铁哥们，他比我大一岁，高复班时住我家，我们同一张床睡了两年。大学毕业后，我俩都教书，1990 年，我进了机关单位；再过两年，他也进了机关单位。之后，我们先后下乡挂职锻炼，又先后再回机关单位。四年前，报社整顿，他回到宣传部门，我单位与他们同一层楼，且我的办公室与他的办公室就是对门。2006 年初，他被放出去了，我也搬了办公室。由于这样的关系，我交办的事情，他都会尽力办妥的；今天，他让我审一下稿子，把一下关，我不能推托。于是，放下手头的所有工作，开始审书了。

送来的书是《××乡土史》，封面古色古香，用新闻纸印刷，某出版社出版。作者按时间顺序从古代到现代罗列了他以为是史实的事件、人物以及生产、生活习惯。阅读了一两页，感觉除错别字和土话多以外，没有什么可挑剔的。但从第三页开始，作者把一些道听途说的、主观臆断的传说、故事当作史料，大段大段地引用一些不相干的放之全国各地都通用的历史过程。我耐着性子，边看边写着"与史实不符""此为民间传说也""与当地何干？""此乃文学欣赏也"等批语；或干脆整段、整节地删掉。用了三四天时间，看到近代史部分，约占全书的三分之二。原先在看完古代史时，我就打算写上"此书不宜作中小学乡土教材"的评审意见把书还给朋友的，但为负责起见，还是坚持看下去。

看到现代史部分，怎么有点似曾相识的感觉？匆匆浏览一下，可以断定，是从我们"地方党史"搬过去的。记得今年上半年，作者到我办公室，说想查点现代史的资料。我随手递给他一本"地方党史"，告诉他，这本书是送审稿，等常委会通过之后，我们还需进行修改，然后出版。他一看，如获至宝，就它了，迫切地说借我一用。我说可以的，但里面还有许多地方的记载存在错误，还没有修正过来。不料，我这朋友把它缩写成"乡土史"中的现代部分了。里面我们还没有来得及修改的错误，也原封不动地摆着。使人不禁想起鲁迅先生笔下的孔乙己了。

孔乙己因偷书被抓而分辩道：读书人拿别人的书是窃，不是偷。似乎窃是文明行为。

时下一些似曾相识的文章屡见诸报端、博文和出版的书籍中，被人指出文章的出处时，"作者"会理直气壮地美其名曰"参考"，而不是剽窃。比孔乙己似乎又高出一筹。

我们在浏览书刊、博文时，见到美文佳句，不妨摘录下来推荐给有关报刊、博友和其他媒体转载，让大家学习、鉴赏，不失为明智之举。而我们有些"文化人"，却将别人的文章改头换面，自己冠名，满足发表欲，此乃"文盗"是也。

我常常说文风如人品，自己是怎样的人，就写什么样的文章；别人的东西，只能欣赏，不能剽窃据为己有。否则，得之是臭名，失去的是人格。

最后写下"此书历史观点错误；贯穿全书的主线是零碎的传说和不相干的史料；语言使用不规范，错别字随处可见；作者使用他人的成果没有注明出处，以后有著作权之争。建议：不宜作乡土教材使用"的意见。

辨认 "天书"

2017 年 8 月 30 日下午，过去的一位同事，在工作群里发来一张照片，让我辨认砖雕题额。乍一看，是篆体，又都是变字，不敢确定。因手头事务多，没有多理会，只发给几个搞篆刻、书法的朋友，请他们帮助辨别。临下班，朋友反馈不认识。而单位的几个同事还在猜测是什么字。

老同事发来的照片，是砖砌门墙，门楣镶嵌的题额左右各雕有珍禽瑞兽。题额是砖雕九折篆体，笔画只有横竖，没有撇捺点。

后经与李伟春等先生商讨，能确定前两个字为"南极"。理由是，过去我们这一带门楣上常常镶嵌"长庚""启明""北辰""南极"表示方位、朝向。"长庚"是金星的别名。中国古代称之为"太白金星""太白""启明"。八大行星之一，黎明前出现在东方天空，被称为"启明"；黄昏后出现在西方天空，被称为"长庚"。《诗经·小雅·大东》："东有启明，西有长庚。"因此，坐西朝东的大门一般题额"启明拱照"，坐东朝西的题额"长庚献瑞"，坐南朝北的题额"北辰争辉"；而坐北朝南的亦常常题额"南极……"至于第三、四个字，可以断定第三个字是"足"字旁或"之"字底，认为很像"遗"字，最后草率认为是"南极遗迹"四字，并发给老同事，但心中无底。

晚上回办公室加班，心有戚戚焉，惦记着那几个字。群里有同事发出是"常振道统"四字。网上一查，确实有人这么认为，也这么说的。再把照片放大，第一个字，极像"常"字，但"常"字变不出左右两竖；第二个字，左边是"木"字旁，而"振"字是提手旁，基本可以否定。再说"道统"是儒家传道系统，不在书院，不在官学，一般不会题写"常振道统"的，也没有那样的胆量或能力。第三个字，倒像个"道"字，可第四个字绝对不是"统"字，虽然左边有点像绞丝旁，但右边辨不出"充"字来。

快十点了，一朋友又询及那四个字。我还是没有最后的答案，只觉得"南极……"是一句吉祥的话。突然，来灵感，第四个就是"祥"字，右边的两只羊角更象形了一点。这样，第三个字会是什么带"之"的字呢？是"逞"还是"迎"？发到文史群里，反馈是"迎祥"，窃喜。

回家后，可心里还是忐忑，特别是第三个字是不是"迎"字。查资料，一直折腾到深夜。

今天凌晨 5 点多一点，我把摸索出来的"迎祥"两字告诉李伟春先生，征求他的意见。同时，又告诉昨晚询问的朋友。伟春先生反馈表示接受，并附有查证资料；另一朋友表示保留意见。

我对那四个字的辨认为"南极迎祥"。若正确有李伟春先生、夏冰先生的功劳；若错误，是我的过错，请大家见谅！

十、关注民生

老区之行

今天（2007 年 11 月 24 日），我们一行八人，分乘两辆车，到五十千米开外的革命老区，重走红军路、瞻仰红军墓、拜访老红军、品尝红军饭，接受再教育。

这个地方是 1935 年中国工农红军挺进师刘英、粟裕在浙西南开辟革命根据地的地方。我们早上 8 点半出发，车子在蜿蜒的山区公路行驶，因为雾大，跑不快。好在通往镇政府的这条公路铺洒了柏油，车子不怎么颠簸。高山的植被由于进入冬季，除了常绿阔叶林还郁郁葱葱外，整棵通红的红枫，犹如盛开的花朵，点缀在枯黄的灌木丛中，成为独特的风景。约 10 点半，到达镇政府。我们听取镇党委书记、镇长的情况介绍，在镇政府食堂吃了便饭，就向目的地村庄出发。

这个村庄离镇政府还有十多里地，虽然开通了简易的机耕路，但由于缺乏资金没有使道路硬化，路面还是坑坑洼洼的，我们决定抄小路、走老路上去。

下午天气特别热，大家把外衣、线衣脱掉，尽量轻装上阵。每人提着一个塑料袋，装着一瓶水、几个橘子，在镇长的带领下，向高山进发。

一开始，十几个人，还粘在一起，走不了百来米，队伍就分成两截；再爬三四百米，就两三人一个组，各爬各的了。我们三个人一组，打先锋。三人中，有个朋友比我俩年轻六岁，但走山路，远远不如我与另一同事。我们是天天晨练、天天爬山的，因此走起山路相当轻松，一路谈笑风生。他哪，走几步坐下歇会儿，再走再歇，说早上也要起来锻炼了。从镇政府通往山村的这条山路，全用岩石砌成，表面已经磨滑，可见其历史的久远。过去，这里也是官马大道，路的两旁是百年老树，或樟或青冈，参天庇荫。我们用了一个半小时，到达目的地。我们穿上衣服，坐在村口的风水树下等后来者。约半个小时，最后一拨人拄着木杖气喘吁吁地爬上来了。

我们在镇长的指引下，参观了当年红军书写的标语，瞻仰了烈士陵墓，拜访了老红军，慰问了困难户。村子不大，房子依山而建，层次分明。村里的年轻人都外出打工去了，留下"613899"[①]部队驻守，并且交通不方便，整个村庄显得寂静，声音传播悠远，连镇政府所在地喧闹的声音也能传到这里。4点整，我们按时返回。

---

① 613899中，61指儿童，38指妇女，99指老人。

人是卑微的

2008 年 5 月 12 日下午 2 点 28 分，四川汶川县发生了大地震，顷刻间天塌地陷，北川老城被夷为平地，都江堰中学教学楼倒塌变成废墟。截至 13 日晚 9 时，地震造成死亡人数超过一万人，还有六万多人没有任何消息……这两天我都是含着泪水看新闻的。看到一具具学生的遗体从废墟中拉出，在"学校"操场排列着，家长撕心裂肺呐喊着呼唤着自己的孩子，我非常痛心地流泪不止；看到温家宝总理亲临灾区现场，噙着眼泪慰问灾区群众，不禁为总理情系人民而感动，又流下泪水；看到各地各方面的救援人员奋不顾身、想尽办法救助被埋在废墟、受困的群众和学生的壮举，感动得泪流满面……

我想，若不是"抗损"课题现场会之事，我也会请假开车到四川参加抗震救灾活动的。但上面有令，做好本职工作就是对灾区的最大支持。

这次汶川大地震，最终不知会夺走多少鲜活的生命，不知会导致多少家庭的破碎。大自然的威力是多么巨大呀，人在大自然的威力面前是那么的卑微、那么的渺小、那么的无助。

在现实社会中，有的人或钻政策的空子赚了几个臭钱，或因所在的企业或单位多发了几块钱奖金就到处显摆，不可一世；有的人混了一官半职，目中无人、唯我独尊；还有的人……殊不知人与人之间生来是平等的，都赤条条地来；在大自然的威力面前都是一样的微弱，它不分贵贱贫富；死后都是同样空着两手而去，仅留一撮灰而已。

因此，我们要珍惜每一天，开开心心过好每一天，因为我们是卑微的；我们要善待每一个人，因为人是平等的，没有贵贱之分。现在许多人，只能共患难，不能同富贵。我有两个朋友，转来转去在一个单位工作，最后县里要从两人中选一个"当领导"。其中一个后来当"领导"了，逢人便说，是他的运气比别人好，否则的话，轮不到他来做什么的。另一个朋友当初多少有些怨言，但听到朋友说是"运气"好一些，就没有了脾气；最后还是好朋友。

哎！在灾难面前，让我们一起为灾区的人民祈祷吧！衷心祝愿灾区人民脱离灾难，早日恢复生产、重建家园，过上幸福的生活。

观农民文艺演出有感

2008 年 9 月 12 日晚上 11 点整，我刚从六十千米外观看安民乡首届农民文化节文艺演出回来，顾不了冲洗，就坐在电脑前，写观后感，否则，不吐不快。

下午 4 点钟，应联系乡镇——安民乡领导，与人武部政委、宣传部常务部长等一道，到安民乡观看农民文艺演出。因宣传、文化部门的要求，各乡镇都要举办一台戏，称"乡乡一台戏"。

戏是在乡政府所在地的村会堂唱起来的，主席台当戏台，用一块花布权作幕帘把台前台后分开，几盏大灯算是灯光。偌大的大会堂，黑压压地坐满了来自各个山村的群众，人数不少于千人。

7 点钟，演出如期开始。有舞双狮、健身秧歌、讲故事、越剧、小品、快板、乐器合奏、舞蹈、花鼓戏等形式。各个行政村都准备了节目，演员是该村的村民，年龄大的有七八十岁，小的有十一二岁。他们从未上过台演过戏，更何况要在乡里乡亲面前表演节目，因此常常忘了台词、歌词，动作生硬不整齐，表现青涩。但他们是那么的认真、淳朴、原生态。观众也没有嘲讽、起哄、吹口哨，而是报以热烈的掌声鼓励台上的乡亲。

整台晚会给我印象最深刻的，是两个小学女生，她们装扮成小红军，讲述红军和当地农民领袖领导大家闹革命，最后为了党的事业和人民利益不惜抛头颅、洒热血的故事，感人至深，催人泪下。还有一个就是九代祖传花鼓戏，演员清朝人装扮，有两个男演员都有六十岁以上，在台上活灵活现穿梭着，他们用土话唱着，我们虽然听不懂台词，可我们看懂了他们是在搞一个祭祀仪式，这是一个非物质文化遗产项目。

晚会没有华丽的舞台、炫目的灯光、多彩的服装、西洋的乐器，但节目的内容贴近群众生活、形式喜闻乐见。一个半小时的演出，演员精神饱满，观众情绪热烈。

现在，山区群众不缺乏物质需求，但精神文化匮乏，有的仅是守住电视而已。乡乡一台戏，群众自编自演，自娱自乐，这是群众参与精神文明建设的一个有效载体。各地把乡村传统的非物质文化遗产搬上舞台，让人观赏，使之得以传承。

演出非常成功。

十一、自我励志

胡　扯

2019 年 4 月 25 日，晚上十点半加班回到家，在擦酒柜的妻子马上放下手中的活，让我坐下，说有个好消息告诉我。

"什么好消息？"

"你猜。"

"中新股？还是杭州房价下跌了？"她跟着别人也炒了一点股，十几年仅中一个新股。另外，女儿下半年要到杭州工作了，房价下跌可是好事。

"不是！是励志的。"妻子眉飞色舞地说。

"励志的？无非是某某人由穷变富、地位由低到高而已。"

"不是！你听我说。"

"今天晚上我们不是以前的同事聚餐吗，某某人你认识的。"

"认识的，怎么啦？"

"他最近交了一个女朋友，比他小十几岁，是个白富美。有两部豪车，有房子，人又长得漂亮。"

"这与我何干？"

"怎么没有关系？你只要身体好，都还有机会，你比某某大不了几岁。你若天天加班，把身体搞垮了就没有机会了。我对那些同事说，要把这事告诉我家老先生，准高兴。"

"胡扯！"我笑了起来。

"不是笑了吗，最近我还是第一次看到你笑呢！"

我走开，又改稿子去了。

教育对象

今天是 2019 年 5 月 2 日，小长假继续劳动。

上两"行"（集市日）买了十棵圣女果苗栽下，之前栽的因连续暴雨且土质带沙，没有一棵成活。下午天气转阴，4 点许到老街口菜苗点再买了菜苗然后到菜园掘地。

6 时左右，来了一对母女，站在离我三十余米远的高坎上。小女孩六七岁模样，问我"农民伯伯，有没有'公公钮'（野刺梅的一种）采摘"。

我告诉她，公公钮已过时，无了。枇杷倒是黄了，可以采点咥咥。她说，枇杷买来家里有，就是想咥公公钮。

说完，母女俩嘀咕着，我继续忙着拢菜畦。

"农民伯伯，您种地辛苦不辛苦？"小女孩又问。

"辛苦是辛苦，可是我喜欢种地呀，不觉得辛苦，反而有些乐趣了。"我回答道。

"我妈妈说，您小时候不好好学习，没有文化，只好做农民，干活很辛苦。我们晚饭都咥了，您还在劳动。妈妈让我好好学文化，不像您一样当农民。"

没等我回答，母亲嘴里说着"对不起"，拉着女儿匆匆离去。

我成了孩子励志的反面教材了。

人要衣装

2019 年 5 月 3 日，继续劳动。

昨天晚饭时，我把被当作励志对象的事与妻女一讲，引得她们一笑。妻子说本来要出去走走的，人家谁谁谁都到外面去了。大家琢磨着到哪去呢？古村落、民宿、斗米吞艺术展，还是嬉花海？女儿惦记着外婆的手擀面，说到外婆家去咥手擀面吧。

说到面，妻子告诉我，离菜地不远的路口新开了一家早餐店，品种丰富。其中手擀面加雪菜肉丝，只要五元钱，好咥又实惠，让我去咥咥看。

今天一早我先到菜地，挖地整理菜畦，点一畦豇豆、种一畦莜麦菜。看看时间已到八点半，洗手冲净高筒水鞋（怕把人家的餐饮店踏脏），走路到妻子告诉我的那家早餐店。

推门进去，装潢华丽，用餐的人却不是很多。

见柜台前没有人，我隔空喊了一声："老板，来碗手擀面。"

一会儿从厨房走出一位大嫂，用白色拦腰布擦着手。

"请给我烧一碗手擀面。"

大嫂打量了我一番，冷冷地说："没有。"

"那，其他的面也行。"

"无，客去！（出去之义）"

我讪讪地退出店门，到菜地边开车回家。

到家，妻女尚未起床，冲了个冷水澡（寒冬腊月也如此）。妻子听到动静，惊奇地问："今天这么早回来了？"

"嗯。"

"天光（早饭）咥了弗？"

"弗曾（没），你说的那家店无什么面的。"

"不可能，我头几天还去咥过。"

"怎么不可能，我刚去过，无，才回来的。"

妻子坐了起来："我与你打赌，肯定有，你现在再去试试看。"

我半信半疑，用电吹风吹干头发，驱车还是到了那家店。

推开店门，先前的那个大嫂满脸堆笑："老板，咥什么？"

"给我碗手擀面。"

"好嘞，您先坐着。"大嫂说罢转身进厨房，刚迈出两步又停下，转过身，疑惑地盯着同样疑惑的我。我刚想问，她快速进了厨房。

过了不一会儿，一个年轻女子给我端上一碗手擀面。带着疑惑我快速吃了面条，亦不知味道如何。回到家，妻说"有吧"。

"嗯。为何这样？"

"为什么？你再这样，不要说那店，连家门都不让你进了！"

"咋样？"

"你看，你穿着劳动服，大晴天的穿着高筒水鞋，人家把你看成做苦力的或者讨饭丐儿了。"妻子笑道。

我愤愤地说："那个大嫂也是打工的，怎么就看不起劳动人民了？"

古语：人靠衣装！

改变基因

今天是五四运动一百周年纪念日，我继续我的劳动。

至今，休酒一月余，体重减五公斤；县志二审四册占四分之一；党史三卷纲目用一个星期时间完成初审，达到预期目标。一切朝理想的方向发展。

晚上加班回家已近 11 点，妻子坐在客厅神神秘秘地让我过去，说讲"励志"的故事给我听。

"又来了，我不听。"

"你过来嘛，关于女儿的。"她笑着说。

"女儿呢？"

"出去玩了，还没回来。"

我只得走过去坐下："说吧，就你故事多。"

"今天晚上，我练完瑜伽走路回家的时候，碰到某某了。"瑜伽、走路是妻子晚饭后两个锻炼项目，特别是走路，雷打不动。这个某某是妻子以前同事的女儿，我同学的老婆。"她一定要我到她家嬉戏，去了，她家装饰得富丽堂皇；她说装修起来是给儿子找女朋友结婚用的；她们住的是别墅；另外，家里还有上百万的债券呢。真有本事。"

"这与我何干？"

"你听着。她的儿子在某私营企业上班，她说她的儿子一表人才，追他的人很多。她的要求是女孩子要漂亮。问我，听人家说我女儿很优秀，不知道我女儿是像她爸爸还是像妈妈。"

"你怎么说？"

"我说，五官像她爸的。其他像我。你知道她怎么说？"

"怎么说？"

"她马上挥舞着手，说'那样就霎念地，很难望的，配不上我儿子的'。"妻子说罢哈哈大笑。

"与那种少两分的人亦答得出头！"我站了起来。妻子立即拉我再坐下，语重心长地对我说："你要感谢我！"

"感谢你什么？"

"我改变了你老洪家的基因，把女儿生得这么漂亮。像你这样，女儿嫁都嫁不出去。"

"鬼话，女儿与我那些侄儿侄女五官都是我们老洪家标配，从未改变基因。"

哎，对小辈来说，不仅要颜值，更要有才华！

成　就

（2019年）"五一"小长假，女儿从杭州回来。我与她达成共识，就是不想出去凑热闹。我白天掘地种菜，晚上改稿；抽空玩几盘"狼人杀"游戏，骂骂人出出气，减减压；女儿却白天当晚上地睡觉，晚上当白天，疯玩。

这样就苦了孩子她妈。她从朋友微信中得知某某人到那里欢，某某人到那里玩，甚是羡慕，埋怨我只知道种菜、加班，就是不带她与女儿出去嬉戏。女儿却说"我不想出去"。妻子也就不说了。

我倒是过意不去，问妻子："你想到哪玩？"

"我怎么知道哪好玩，你走得多，知道啊。"

"临近的地方都不好玩的，远的地方又走不过去。你说到哪里就到哪里，由你决定就是。"

女儿见母亲没有主意，就说去摘公公钮（野刺梅的一种）。

我记得"五一"陪老婆值班时，看到过其单位新办公地点有许多公公钮的，便告诉了她们。妻子即刻接上说，好，也带女儿看看新大楼。

新大楼位于城南，离家不是很远，不足三千米吧，开车去几分钟就到了。妻子所在单位的气象部门也是孤傲的，清静、宽敞、光开。我把车直接开到观察台，找到整片的公公钮，然皆已过时序了，女儿有些失望；妻子可兴奋了，指指点点，告诉我们这是什么，那里是做什么用的。最后总结说"我们的办公场所是所有单位里最好的"。

我与女儿没有回应，妻子叹息道："可惜待不长久，五六年后就退休了。"

"妈妈，你真可悲，没有做出点成就就这样退休了。"

妻子立马反驳："我怎么可悲了？我要做出什么成就？我最大的成就就是生了你、培养了你，你就是我最大的成就。再说了，你爸天天加班、加班，没有我的支持行吗？"

看到她激动的样子，我们都笑了。

是啊，人的一生为何要有什么成就，许多人常常被名、利所累。再说，什么是成就，智者见智而已。

布裤旋无鞭

今天（2019 年 5 月 11 日）星期六，天气阴，照例是种菜的日子。十余年前，在荒山上陆续开垦、开凿了七八分面积的菜地。

起初，人家见一个戴着眼镜的人在种菜，个个都好心地给我指导，我"嗯嗯"地答应下来。

随着菜地的开阔、瓜蔬的种植，来指导如何种菜的没有了，来询问如何种菜的多起来。隔壁菜地的阙老师，夫妻俩都已至耄耋之年，每次看到我，就说"你真像个工农兵（大学生），文章写得好，地也种得好，一般的农民不如你的，看你握锄头的姿势就知道是个好把式"。我告诉他，自小种田长大的。

这不是吹的，七八岁开始边为生产队放牛，边读书。稍大，边刜柴、刈草、耙松毛，边种菜。再大一点，参加集体劳动，挣工分；特别是"双抢"时，按劳计酬，割稻、插秧，挣的工分比大人还多。那时自己拔秧苗，一天要插一亩二分田。什么犁耙耕秒、制种、治保全不在话下。

以致 20 世纪 90 年代中期，下派乡镇工作，看到那些"田糊涂"，常常叫他们上来，我下地示范给他们看。前些年，给丈母娘家干农活，她时常夸我，就是种田也做得到位的人。

与我一起种菜的有好几户人家。他们种的是原来的老菜地。我种的是长满荆棘的蛮岩山，有的是用凿子敲金瓜糖似的一点一点剥下来的。古人云：孝顺父母己有福，孝顺田头自有谷。加上我这个老把式，每天早晨必到场，节假日不间断，把菜地打理得比菜农的菜地更像菜地。

上午 10 点钟左右，一对夫妻来到隔壁菜地。妻子指责丈夫说："你看看某某（指我）的菜畦挖得多深，难怪你种的洋芋无的。"

"你懂什么，洋芋生得多深，畦要搭高，渊股搭深一点就是；要么两畦并一畦，不就高了吗！"

好像又是我的错。去年另一户人家，妻子埋怨丈夫苋菜播（方言 fu）不好，从来无好咥过。让我代播一下，被其丈夫记恨，现干脆不种了。

民谚，生意学得全，布裤旋无鞭。人一生中只要做好一件事就够了！否则，左不是，右不是。

自作聪明

今天是（2019 年）5 月 12 日，星期日，天气阴，是浙江省公务员招考的日子。祝小伙伴们取得好成绩！十点多钟，妻子来电话，说买了土猪肉、西红柿、茭白、茄子等。

我纳闷了，她今天怎么啦？如此啰唆。且蔬菜我有种啊。

"我买了很多菜，但中饭某某喊我咥，你就自己烧点咥咥就是了。"

原来如此！我最近尚处于休酒中，咥饭很简单的，便道："你顾自去就是。"关了电话，心想直说就是，还拐弯抹角的，继续干我的种菜活。

11 点许，还是阴天，闷热，气温廿七八摄氏度光景，但比往日要凉爽。我正在给刚上土的茄子刈点青草覆盖一下，好早点回家烧中饭。突然全无声息的背后传来一个女人叫我名字的声音，心里惊忟，鸡皮疙瘩。转过身，看见是过去的一个同学。

黑黑的、胖胖的、矮矮的，与我倒有几分相像。问我："种菜？"

"嗯。"

"这么热了，到我家喝茶去。"话多且碎。

"谢谢，我带有茶水。"我心里忖着，今天天没开坼吧，大老远跑这里来，叫我到她家喝茶，再加上她应看到我放在踏步级上的热水瓶和茶杯的。便问她："这么难得？"

"往这个单位搬了，有无荒地可以开垦种菜，我家某某（亦是我同学）喜欢种菜，这里种那里种的。"

"这个单位搬了，政府要安排其他单位入驻。我这里有的是地，他要种来种就是。"

"他工作紧张得很，无时间种的。"

那她的意图是什么呢？是不是想来拿点蔬菜？我心里忖着。带她到菜地转了一下，告诉她，这段时间青菜刚好断档，只有苋菜、甜苦荬可以疏点、剥点咥咥。

她指着甜苦荬说，这个嫩，好咥的。

"剥点去？"

"好的歪。"

等我弯腰剥下苦荬，她却在竹囿（读 fēn，平声）把我蓄豇豆杆的嫩竹笋拗了一怀。我每年的豇豆、四季豆的杆靠它的。

"那个笋已绿成毛竹了，很老了的！"

"不会的，很好咥的。"如何烧制如何好咥又是一套。

至此，才明白她的意图，是来拗笋的，难怪前段时间竹囿的笋都被人拦腰折去，原来是她所为，手法是一样的。

在她回家的路上，我无意望到她背着一蛇皮袋的笋竹，马上走开，怕她知道我看见她的行径难为情。

我向来不是自己的东西，就是草亦不会去动一根。

又是一个"聪明"的人！

休 酒

　　大家耳熟能详的有农业休耕、渔业休渔、牧业休牧、打仗休战、学生休学以及休书、休闲、休市、休会等等与"休"有关的词汇，但没有听说过"休酒"一词。这是我创造的新词汇，并且已身体力行十多年了。

　　休酒缘于我之前是个酒鬼。酒量多大？只是个传说。有说三斤白酒的量，有说喝过七瓶葡萄酒，有说能喝十多斤家酿酒……总之，没见我醉过。由于酒风好，酒量又没个底，人家亦不会寻我斗酒，更加高深莫测了。

　　其实，我的酒量是有限的。在外面即使喝高了，一不撒酒疯，二不胡言乱语，人家看不出我的醉态。回到家，也不呕吐，不闹事，只是蒙头就睡。那天，我不声不响回家，没有洗澡，呼呼入睡，老婆就知道我喝多了。第二天警告我，下不为例。我辩解，没有喝多，只喝了一瓶葡萄酒，"你可以去问谁谁谁"。妻子说你每次都说喝一瓶喝一瓶，哪次只喝一瓶？也是，一高兴，哪管得是一瓶还是几瓶，最后自喝自的就喝高了，不过喝得再多还能自己回家。

　　喝多了，就影响身体。1991 年的"五一"，身体不适到医院检查，医生说过来住院吧。结果是患了恶性肿瘤，之后做手术。2000 年的4 月份，给这给那老百姓插秧，常常被雨淋湿透；"五一"心头疼，检查得了胸膜炎，之后做手术；家人告诉医生我曾患过恶性肿瘤，医生想方设法在积液里培育癌细胞，结果，失望了；不过，那个"五一"，使我这个一天要抽三四包的烟鬼戒了烟，至今已二十年没抽过一支烟。2005 年的"五一"，恶性肿瘤复发，"浙一"的主任医生看到我四个拳头大的肿瘤惊诧不已，之后通过手术取出已钙化的肿瘤，究其因，我说是喝高度白酒之故吧。

上述经历，对我来说，5月是黑色的，常常在"五一"来临时，担心身体又出现状况，并把它归咎为喝多了酒造成的。这样，就开始防范。从2006年开始，每年的上半年，4月份休酒；那时春二三月，抽枝拔叶，人体各方面的肌理也在苏醒中。下半年选择10月份休酒，也是为冬养做准备。休酒不是戒酒，而只是在这两个月里滴酒不沾。4月初，去体检，看哪些指标不合格，就进行调理。月底，再去检测不合格的指标，看是否合格；若还是不合格，继续休酒，直到合格或基本合格。若一次休酒超过两个月，则10月份不再休酒。休酒期间，尽量不外出、不应酬，也叫亲戚朋友不要来访。三餐以杂粮为主，粗茶淡饭。

一晃休酒已过十多个年头，成为定例。

然而2016年，遇到一个"大师"，与其吃了几餐饭，他看我酒量大，告诫我少饮酒。年底，单位两老先生或逝或病，领导嘱咐我少饮酒；与亲朋好友一起咥饭，期望我少饮酒。俗话说，好人不受三句劝。是的，我应该少喝酒了。因此，决定从2017年开始，每年休酒三个月，即4月、8月、12月，比原来增加一个月。休酒期间，无论哪种场合，都不喝任何一种酒。但执行过程是麻烦的。2018年，改为一次性三个月休完。休酒期间，广而告之，不赴宴、不请咥。这么多年下来，大家都习惯了我有休酒期的。其间，无论酒好劣，无论熟人生人，都滴酒不沾。多人曾问我，休酒有什么好处，有什么讲究？我说没有。只是以前身体出现状况时多在5月，提前一个月不喝酒，之后再没有出现过状况了。

今天（2019年5月25日），挖了一天的荒地，洗了两次澡。老婆烧了一桌的菜肴，当配酒。她自己倒了一杯白酒，也劝我来一杯。

说一天好几次冲水，水湿重，喝杯白酒祛除水湿。我说尚在休酒期，不喝酒的。

"陪我喝一杯吧！"

"不喝就是不喝，休酒期间随便谁都不能使我喝的。"

"就喝一杯，我不告诉人家就是，人家不会知道的。"

"鬼话，我休酒是做给别人看的吗？！"我三下五除二，把一碗饭划拨下肚，放下碗走了。

人没有恒心不行，没有定力亦经不起诱惑，常常办不成事。

行行出状元

今天（2019 年 5 月 26 日）星期日，上午开荒掘地，在下雨前种下五十株番薯；同时叫老婆到市场买点东西，下午去看望老母亲。

下午 2:30 到老家，稍坐，见雨点渐浓。惦记着石头，连母亲沏的茶都没喝，起身驱车到二十五千米开外的料场，捡叶蜡石中的印章料。

明书记载，古处州松阳亦产鱼脑冻。有云雾（网格）者为鱼脑冻；无者，为灯光冻。后来，从各方面的了解、查找，认定山徐的后岱山为古矿硐。昔日，青田人雇工开采，然后用小木船（蚱蜢船）经小港、松阴溪运抵青田、山口等地销售。鱼脑冻仅次于灯光冻，属印章石中的上品。

五六年前，瓯江上游松阴溪禁沙，热闹一时的松阳黄蜡石瞬间断了来源，滑坡到底。而我却迷上了另一种石头——叶蜡石。松阳叶蜡石中不乏图章料上品，可与青田石相媲美；特别是其中的紫檀冻、红色葡萄冻更胜青田石一筹，且刀感亦好。

3 点半左右，到了料场。天没有下雨（许多料石只有在下大雨后，表层泥巴冲刷，真面目才显现出来，因此，我们多选择下雨天时捡石料），捡石头的人却比我先到了。最近，因矿山重组，没有新鲜矿料，只能在老矿料上寻宝。我看他站在一块岩石上，嚼着什么。便问："怎光景？"

"无！"他边吃边答，"我是天光（上午）来的，到现在才吃中饭，一点东西也没望到。"

"噢。反正以锻炼身体为主，管它有无，我去相相望。"当我走不了几步，他便对我说，他到别处去看看。我说："好的，我别的料场不去了。"

我们捡这种石头的，多时十来人，慢慢留下来三五人。有料的日子或下雨天，一个比一个早，还有早起打着电瓶灯照石头的。我是正常时段出发，但收获不比早去的人少。

捡石头不仅是体力活（要上下爬山、翻转石块），更是技术活。平时眼睛一扫、手一摸（敬业的用舌头舔）就知道好坏。但捡石头要仔细，要勤快，尽量把它当作好的看；与买玉石不同，买玉石多怀疑，只要有一丁点感觉不对，就收手。

比如，当初一瞄，感觉他站的那块石头不错，但心有疑问。等他车开走了，我再返回去查看。第一眼看去是块普通的高岭土，但边缘有变化。用手摸一下，手感好，心中有数了。翻开其他石头，掰开泥土，把它挖了出来，有一百二三十斤重。把它翻到水窟塘，戽水洗净泥巴，露出美好的一面——美石，玉也。接着用凿、锤子把蛮石凿掉，留下五六十斤的图章料。端上车，美美地回家了。

对，三十六行，行行出状元。无论干什么事，都要求精。我们的族规家训亦云：百工者，精于工。干一行就是要专一行，精一行。

捡石头也一样！

坚韧不拔

2019 年 6 月 9 日，早晨 6 点半到菜地，天下着毛毛细雨，地里湿漉漉的，不能干活；于是驱车十五千米，到大东坝里面料场捡石头去了。

到了料场，老板又是寒暄又是递烟的，甚为客气。我忖度，天开坼了，以往推三阻四的。交谈中了解到，我们拾的印章料，正是他们所要拣出来丢弃的废料。最近一段时间，他们所开采的高岭土铝含量低、铁等成分高，不被客户接受。因此，原先拉到桐乡的改拉到山东，且价格比先前的便宜。所以，巴不得我们多去捡章料。

人热情了，天亦跟着放晴，但晴天捡石料是个大忌。不要说人家了，就是我也不会大晴天去捡石料的，除非知道有白的葡萄冻、紫檀冻之类的。料场未进新料，半个小时不到，整个料场寻了一遍，还是两手空空，一无所获。

就此回家吧，心多有不甘。于是改变策略，找料渣，判断堆帮里是否有货。这就是技术活了，犹如以前捕鳖的人，寻鳖路捉鳖。

在一堆矿石外面，看到零星的"白葡萄冻"碎石，初步判断里面有料。用手掀了几块矿石，发现料渣越来越明显。用手挖、耙、拔。手皮脱了、指甲掰了，就是没有像样的料石。

太阳不断升高，气温闷热，口干腹饥，几次想放弃继续挖下去，可就是坚信，里面有"货"，不想功亏一篑。

歇歇挖挖、挖挖歇歇。两个多小时，最后在离地下水坑的地方，挖出一个疙瘩，不用看，手一摸就知道是个宝贝了。

抱着它，用清水冲洗，是一块相当干净的"鱼脑冻"，上等的印章料。

顾左右而言他

今天是（2020 年）5 月 2 日，小长假第二天。几天前一同伴说某友回来，约定今晚聚一下。我说喹饭可以，但尚处于休酒期，不喝酒。同伴允诺。不知道今天是什么日子，前后有五拨人约饭，但还是到先答应了的同伴处一起用餐。

上午到竹圈，因雷笋被无序挖掘，故学"川普"建隔离墙而编篱笆，弄得双手血股流洒；中午瓢泼大雨，驱车上百千米没捡到一块有用的印章料。

下午继续编篱笆。傍晚时分，同伴多个电话催促。回家冲个冷水澡，匆匆赴宴。主位虚待，非让我这老先生不可，推托再三，惶恐而坐。

一桌十几个人，女同胞只一个熟悉，四个人是第一次见面，其他的都是朋友。

休酒虽说对身体有好处，但在酒桌上，一个平时嗜酒如命的人不喝酒，不要说朋友不习惯，我自己都不习惯，好在现在朋友、自己都习惯了。

席间，大家酒喝得欢。我喝端午茶，象征性地与不熟悉的女同胞举下杯，算敬过酒了。由于包厢不大，天气又闷，大家脱了外套，女同胞就显山露水了，露出佩戴的首饰。有软硬玉的，有金银钻石的，有当地玛瑙的，也有假玉石的。所以当大家敬酒、斗酒时，我无聊地看着女同胞的挂件，分辨是什么质地；有的一时看不清，多看了几眼，以致弄得女同胞去掖衣角；人家问我，答非所问，甚为尴尬，只好顾左右而言他。

十多年前，喜欢玉石，以致去考宝玉石鉴定师资格证书，落下这癖好。看得人家不好意思，自己也不好意思。只好借故“吾咥饱了，还有事，先走一步，迟来先退，对不起了”。赶紧到办公室改稿子去。

俗话说技多不压身，但有时什么都不懂，更让人喜欢。

编篱笆

今天（2020 年 5 月 3 日）继续在竹囿编篱笆。

编篱笆是个技术活。讲究经纬分明、阴阳平衡。过去村边、路边、山边老百姓扼篱笆值牲徒、隔山兽。那篱笆扎得缜密，匀称，巧夺天工。

我虽比不上真正的高手，但没有忘本，尚能掌握要领。两天多点时间完成一百余米的围墙工程。且强体力劳作，亦使脑子活络起来。

编篱笆技术应属农业文化遗产吧。我们的文化、农业部门头蓬串起觅（做事极为投入，略有顾前不顾后）"非遗"，何不把编（扼、扎）篱笆"申遗"？人类社会文明就是从围城开始（我的观点），北方的栏栅、南方的篱笆，是人类文明发展史上的一个标志，人们用篱笆把人类与另类族群隔离开来。更何况越土的东西越是世界的，我们不是在走山区国际化道路上吗？对，向相关单位建议。思维又跳跃到懊恼自己当初怎么不去学建筑、设计之类，应该有这方面的天赋。若把考律师、宝玉石鉴定师、旅游项目总经理等资格证书的时间和精力放在考建造师、设计师上，也许也能取得一两个资格证书。若有了资格说不定办个建筑公司或设计所什么的。那么特朗普建美墨隔离墙说不定我还能去投标为国家赚外汇；再不济，当地那么多乡村博物馆也可去竞争设计，搞不好又出个大师之类的。正在想入非非时，"嘶嘶"又是两刀，又是焦裂地痛，血股流洒，被打回现实。

回到家，闺女看我满手创可贴："爸，痛不，要戴手套呀！"我说当然痛。她补了一句："你劈竹，竹割你，也是告诉你，它也痛。"

我竟无语。

节约是要

2020 年 6 月 11 日午饭时，妻子说晚饭是焖麦豆（豌豆）饭，已浸了糯米。我答好的。下午上班前，我把斤把麦豆残剥壳、捏把福豆（蚕豆）剥皮，又刨了四个土豆，把昨天高压过的雷笋切丁，又批点新鲜的三层肉和腊肉，再剁点姜末。告诉她，我下班回来再焖，很快的，炒到半生熟再大小火一焖，几分钟即可。

自从妻子愚人节（4 月 1 日）在防疫卡点值守不慎受伤后，四十多天了，我又真正回归家庭，煮饭、烧菜、洗饭碗。早上种菜，白天上班，以往晚上在办公室审稿，现把稿子带回家来修改了。

晚上下班回到家，一股香味扑面而来。妻子说饭已焖好，可以咥了。

"不是说我回来再焖吗？"

"我这只手已经可以动动的，所以先焖上了。"

其实，我怕妻子手艺不过关，焖不好。揭开锅盖瞧瞧，除香味外还是像模像样的。

妻子受伤时，我也开始休酒。盛了一碗饭，三下五除二，觉得味道还不错。妻子说这饭三分之二是菜，我可以多咥点。念叨起过去困难时期，咥番薯丝饭、洋芋饭、菜头丝粥、玉米糊、麸麦面等代食品。我说咥得最怕的是玉米糊、菜头丝粥，因此至今还不想咥。看到中饭剩下的半碗白米饭，我对妻子说，焖饭时应把它渗进去一起焖。

妻子说，那是不要的。

"刚才还在忆苦思甜，现在就忘本了。"

妻子不响。

我默默地把饭端进冰箱里。

十二、出门不易

父母在，不远游

2020年6月，县里组织文化产业考察组赴滇西南考察传统文化产业，邀我参与活动。对一般人来说，高兴得很了，但对一个上有老下有小，"离休"而未离责的人来说，顾虑太多了。

前几天，八十三岁的老母亲，说一夜未睡，头很晕。二哥、大嫂送母亲到医院检查，CT结果显示有两厘米的脑膜瘤。急诊医生说这里治疗不了，让转院。搞得气氛很紧张。中午临下班，接到大哥电话，赶到医院。我看到母亲无力地躺在病床上，只好与哥嫂一起把母亲搀扶、料理回家。

母亲名下近三十人，就母亲不识字。大嫂把检查报告单发到群里，大家各显其能。第三代的马上百度搜索，有图有真相，脑膜瘤百分之九十七为良性。悬着的心稍稍放松点，妹妹即刻与朋友医学博士联系，博士开了三帖中药，说喝了再改方。晚上，兄弟姐妹商议，若明天病情如故，则到杭州或其他大医院检查，多征求、咨询专家意见，考虑母亲已八十多岁了，以不动大手术为妥。这里先挂点能量什么的。我暗想，考察去不了了。

第二天，母亲说，昨天挂了盐水好多了，头不疼，不用再上医院，先哑了中药再说。

古人云：父母在，不远游。我是有过教训的。2012年12月到美国考察学习三个星期。当时，老丈人患病半年多。我在犹豫去与不去美国时，他说放心去就是，他肯定会坚持到我回来的。可到美国第三天，打不通妻女电话，丈母娘家电话也无人接听。预感老丈人去世了，至今还在自责。

平时母亲或在老家与大哥一家生活,隔段时间又到妹妹家生活。我隔三岔五去看一眼母亲,知道其安好就放心。星期六,临出远门,去看望母亲。

母亲精气神尚可,我让她不要到田地里走动,以防跌倒;可以咥点补品,但要少服西药。临别,告诉母亲要出趟远门,个把星期就回来。

母亲拉着我的手,端详好一会儿,说出门前把头发剃了,大热天头发长,热。我说,没事。

在母亲眼里,我始终是个儿子,虽然是个"离休"了的人。但母亲老了,老了会变小,更需要儿女的呵护。

少年夫妻，老来伴

2020 年 4 月 1 日，是西方愚人节。晚上 6 点左右，妻子在单位防新冠小区卡点值勤时不慎摔倒地上。我赶到后摸摸骨头突出，说可能脱臼了，让她忍一下，把它捏过去。妻子喊痛。

送医院一拍片，粉碎性骨折，必须住院手术。老话说"伤筋动骨一百天"。从此，烧菜、煮饭、洗饭碗全落在我头上。好在她伤的是左手，生活尚可自理。

两个半月过去了，妻子还是叫手疼，伤手不能高举。由于整天闷在家里，心情不舒畅、郁闷，说从 6 月份开始到单位值班去，我又成了驾驶员，晚上陪值班。其间，我刚好休酒，也已两个半月。也曾短时间出门两次，都事前备好饭菜。

这次出门要一个星期左右，星期天上午，我早点从菜园采摘一些果蔬回家，与妻子一同到超市（离家仅两百米的一家大超市，开业四五年了，妻子受伤后，才踏进超市，采购货物），给她买了她喜欢吃的泥鳅、猪蹄等荤菜，加上菜园自产的瓜蔬，保证一个星期不断粮。

俗话说，少年夫妻老来伴。平日里虽常拌嘴，患难中还是夫妻照顾得最及时、自然、周全。

哎，中年人出趟门真不容易！

职责所在

2019 年 9 月，由于在一个岗位超过二十年，被巡视组点名而选择"退二线"。

可根据国务院办公厅的要求，到今年底必须完成修志任务，而我们的志书尚在收尾阶段，因而不能像其他同志一样，享受"离休"待遇，还需夜以继日地不断修改。党史三卷亦一样，我们是市里的试点单位，必须先行一步，计划建党百年纪念日之前出版，因此必须抓紧、倒排时间。

在编写过程中，原承担一编党史编写的老同志因病不幸离世，只得临时委托朋友义务帮衬；还有其他工作的编写人员进度慢一点的，又请其他老同志或承担方志工作的同事帮忙。到 6 月 12 日，总算完成党史的初审稿。

虽说初审稿可以粗一点，但为了少一点硬伤，又审核一遍。离出门时间只有三天了，只得中午不休息、晚上过 12 点。到出门前的晚上，一直修改到凌晨两点钟才把最后一编审核完。

临出门的当天想把稿子送办公室让打印人员尽快修改打印出来，起个大早，5 点起床，昏头昏脑到办公室却忘了带稿子，回家把书稿放小区值班室，请同事过来拿给文印室修改打印。

就是出门了，还不断联系、商讨书稿相关问题。

哎！一个牵挂多多的"离休"干部出趟门容易吗？

牵挂菜园

我农村出身，六七岁开始边读书边放牛，稍大，评工分一点五分。星期六下午、星期天一天，天晴刈柴，下雨天则去生产队挣工分，早晚在自留地种菜。因此，犁耙耕耖、刈谷插秧、种菜拔草无所不能，且是个好把手，以至于丈母娘都说我，就是种田也做得到位的人。

十几年前，大溪禁砂，挖掘机停止挖砂石料，无黄蜡石可捡，我就把兴趣转到开荒造地种菜上了。

从初始的个把平方，慢慢拓展到亩把地，无论天晴下雨、热天冷天，工作日的早上，去菜地做一扎，出身汗，回家冲一下冷水澡，全身舒坦去上班，逢节假日则全天候在地里劳作。所种的菜品随季节的变化而变换，后因土质贫瘠而套种了些水果。每天菜地回来，就拿几份菜分给左邻右舍。

菜种习惯了，就怕出门。冬天还好说，个把星期不浇水无问题；夏天就不行，三天不浇水，许多菜就会晒死。因此常常身在外，心却惦记着家里的菜，时常问家里是否下过雨。若无，则要请人去浇水。

这次出门前的一日，星期天，首先把可摘的瓜、豆、蔬菜无论老嫩一律摘下。其次，把生姜、番薯的追肥施下。再次，把该开的草开掉。我是不相信自然农法的。

星期一，更是起个大早，把所有的菜浇湿浇透。又交代朋友若星期三不下雨，则隔天替我到菜地浇水。

一个牵挂多多的人出趟门容易吗？

玉石鉴定

这次出门的目的地是西南边陲中缅交界的云南德宏傣族景颇族自治州和腾冲地区。这里有民族歌舞、织锦、剪纸、葫芦丝、古法造纸等传统"非遗"项目、工艺。同时，这里亦是中国境内最大的翡翠市场，还有保山的南红、腾冲的琥珀，全国闻名。

十来年前，因爱好玉石，萌生考个（珠）宝玉石鉴定师资格证书玩玩的想法。向中国宝玉石协会报名，购买了书籍，后通知全国设五个考点，我被分配到武汉考场。考试分理论知识和实践操作两门。理论知识全闭卷且达七十五分以上才算通过；实践操作则是从六十多个原石中随机抽取二十个，鉴定十七个以上正确才算合格。结果，理论考试只有六人通过，我刚好七十五分；许多中国地质大学的学生成为陪考者。

这次到了瑞丽翡翠文化园，参观了快手、抖音等电商直播平台，据介绍，这个小小的产业园年营业额竟在四亿元以上，许多小伙子，赤着胳膊叼着烟，手拿小电筒，对着手机，在竞卖翡翠原石；隔着桌子是从缅甸提来原石的人，或男或女，或老或少，交易成功主播可以拿百分之十的服务费（佣金）。

带我们参观的小伙是武汉人，老家在地质大学附近，也是一个行家。同去参观的组员，听我交流的是行话，要我陪她们晚上去夜市淘宝。

瑞丽与我们这里时差一个多小时，晚上8点后我们到了夜市，可以说这里是世界上最贵的夜市，有翡翠原石，也有成品；有几十块钱的，也有几万元几十万元的。我告诉她们，下手前所有的成品只当工艺品，还价在一点五折以内。然而，还是一下子这个让我去看看，一下子那个让我去砍砍价。一个晚上下来，忙得不亦乐乎！

一个生意学得全的人出趟门容易吗？

安排线路

这次出门考察学习，其实是在 2021 年下半年就开始准备了的，后由于种种原因特别是新冠疫情而一拖再拖。

在安排线路上，大家达成共识，由我安排就是。我也乐意接受之。

因此，我就寻思有什么既不增加负担，又可喝酒不影响人家休息的方法。看导游可省门票，还有旅行社总经理可以免门票。权衡利弊，决定去考旅行社总经理资格证书，优势是可以终身享受免门票（导游要年检，烦），因此决定去考本证。经过个把星期的培训、考试，最后取得资格证书。这个证书在那些年发挥了很好的作用，我到哪儿都免门票，且对方给我开绿色通道，甚至宴请。这样，我把省下的费用来买酒或开单人房间（不过，最近含金量不是很高了）。故此，这次出门，大家就依赖我来安排考察的线路了。

我安排的线路，一是不重复，二是多走点，三是多省钱。这次回来的机票定在早上 7 点钟（其他没票了），只得 4 点半起床，然后退房，坐车到机场。为了大家的早餐，与住宿的宾馆交涉，给我们准备早点；为了退房不拥挤，等到 12 点后先办理退房手续；折腾下来已凌晨两点了；真正睡觉不到两个小时。

哎，一个中老年人出趟远门容易吗?

十三、铭记乡愁

难忘"双抢"生活

过去，松阳是采取经济作物—水稻—经济作物的耕作制度。1952 年，塔寺下互助组试验成功经济作物—早稻—晚稻的轮作制度；从此，有了"双夏"之"双抢"的概念。"双抢"有端午时抢收"春花"小麦、油茶，抢种中稻；也有夏收、夏种，又称"双夏"；还有秋收、冬种。而一般讲的"双抢"指的是"双夏"，即三伏天的抢收、抢种。

"双抢"一般从 7 月初开始，到 8 月中旬前。农谚"晚稻不过立秋后"。因此，晚稻插秧要赶在"立秋"前完成。这样，"双抢"就是四十来天，但就是这四十来天，是 20 世纪 60 年代前农村出生的人永远忘不了的苦难。

1982 年中央一号文件后，松阳农村迅速实行家庭联产承包责任制，把土地发包到户，从此，各家各户"双抢"的时间缩短、强度减弱。所以，这里讲的"双抢"是 1982 年以前的事了。

从我记事开始，生产队在"双抢"时都采取定额（量）按件计酬方法。平时男正劳力出工一天记一工分，年终折十分工分；女工折五点五分，"女汉子"六分（未婚、会用牛、插田不输男人的）；二十岁前的男女青少年从一点五分到八分（女性打六折）不等。而采取按件计酬后，"双抢"之间的一日所赚的工分多的有四五十分，即一日抵平时的四五工，因此也叫"抢工分"。

（一）抢　收

队里会定出刘谷、打谷、晒谷的计件标准。刘谷有按斤量与按田亩计分两种；谷刈倒、分手（三四捏一手）、堆帮为止。一个生产队分三个组，一般妇女一组，女青年一组，小孩学生一组。打谷的一般按斤两计酬，把谷担到晒场、镐头笟好上田岸为止；分两到三组，正后生一组，其他男子一至两组。晒谷，只一组，以谷入库（包括交公余粮、社员预支）为准，按斤两计酬，一般一两个男子架，加三四个妇女。

我十六岁读高中前，是一个学生刈谷组的组长，七八岁以上的学生都跟着我刈谷。我会根据各人的特点分配工种，或刈谷，或堆谷帮。我们一般清晨 5 点前出发，到田里天蒙蒙亮，开始刈谷。做三个小时左右，回家咥天光（吃早饭）。8 点半左右再出发，11 点半左右回家咥脯午（中饭）、午休，下午 3 点咥了午补（点心）又出发，直至晚 7 点天暗后回家，洗浴、咥晚阴（晚饭）。

刈谷的苦在于，一是时间长，一天十多小时弯着腰高强度劳作，虽然说小孩子体力恢复快，但常常第二天腰背还是伸不直。二是炎热酷暑。上午 10 点后、下午 3 点到 6 点，气温都在三十五摄氏度以上，谷秆羽、谷芒与皮肤摩擦，又热又痒。三是蚂蟥、蚊子、苍蝇、毒蛇叮咬。刈谷按斤两计酬，我们尽量选择有水蓄着的稻田，这样稻谷就生重，但水田蚂蟥多。蚂蟥是听水声的，哪有动静，往哪赶。我们为挡毒日，常常穿着长衫长裤。等感觉到痛痒了，上田岸，裤脚一掀，小小的脚腹袋已叮（挂）满大大小小、各式各样样的蚂蟥；有的已吸满血，有的刚叮上。吸满血的，手一撮，可撮掉；刚叮上的，不能硬撮，否则要掉块肉，只能用手拍打，使之松口。早上太阳刚上山的时候，是蚊子扎堆的时节。密密麻麻的蚊子围绕你的头部，无孔不入，我们常常顾此失彼。傍晚，是牛虻出动的时候。这种苍蝇，一分钱硬币大小，无声无息。被叮咬像被蜂蜇了一样疼痛。对于蚂蟥、蚊蝇，我们常常形容为下面坦克轰，上面飞机炸。还有，夏天毒蛇也怕热，会钻到谷秆下乘凉。我们堆谷堆时，用手去抱，常常把蛇一起抱着，不时被咬；因此，要用镰刀先把谷秆翻个身再去抱。四是常常挂彩。刈谷是个力气活，没点力气谷秆刈不下来。小孩力气小，加上早晚天黑，因此，常常有人"杀驮慌鸡（大公鸡）"，弄得血股流洒。那时没有邦迪什么的，就到田岸寻一种叫"白绵柴头"的蕨，放嘴里咬细敷在伤口上，用塑料纸外面一扎，又投入堆谷堆的行列。

晚上，9点左右，我们集中在生产队的队址分工分。一般按年龄大小分；像我们一档的，一天有二十到三十分，年龄最小的，也有八分十分。二三十个人，要人人满意是不大可能的，但多能基本满意，否则，不可能那么多年就一个学生组。因此，对我们小孩、学生来说，"双抢"刈谷是苦，但可以挣到大工分，为家里出份力，苦也愿意。

十六岁后，我就加入打谷的组队。我所在的那个郊区，到落实家庭联产承包责任制后，才安装高压电线。因此，生产队的打谷，是脚踏打稻机。一副脚踏打稻机，一个人踩打稻机脚架（或两个人，其中一个帮助出谷）、一个人打谷（有时加一只脚副踩打稻机脚架）、一个人递谷杆（一般用妇女）、一个人出谷（附带帮助拉镐头上岸）、一个人笨镐头，还有视路程选二至三个人挑稻谷到晒场，总共八到十人。一天下来要打五六亩稻谷。打谷的苦，除了蚊子、苍蝇、毒蛇叮咬外，更主要的全是力气活。高温酷暑，担着一百五十斤以上的稻谷，田岸滑溜又种着大豆，水缺又宽，没有点力气不行；踩打稻机更是力气活，不使劲踩，稻谷脱不了粒；常常踩绝力，扑在田里或仰天掼在田里。打谷也一样，没有力气谷秆捏不牢，有的连人一起滚到齿轮上。无论是谁，大水牯捣浆，是汗是水分不清。

后来有了柴油打稻机，减轻了踩工的劳动强度，提高了效能。但这家伙难移动，又常常出故障。一副柴油打稻机要十五六人，若出现意外，还不及脚踏打稻机效率高。因此，包产到户后，柴油打稻机就被遗弃了。

我力气小，主要是打谷，笨镐头。谷打得飞快；笨镐头，一手清，不用塞头。因而，与其他人赚的工分差不多。

晒谷，相比刈谷、打谷没有蚂蟥、毒蛇的危害。但也是一个很辛苦的活。簟坛（晒场）离仓库有段距离，每天要把所有没晒干的稻谷挑进挑出。刈谷、打谷的人正午时，可以休息；而晒谷的人，这个时候没的休息，要翻晒稻谷。六月天，又多雷阵雨。有时快晒干的谷子刚晒出去，天暗下来，又马上要把谷拢成一堆，拨箩筐，担仓库；来不及的用簟覆盖着，叫"抢谷"。若遇下午要交公余粮，晒谷的人，要正午时赶着用风柜扇谷。一边毒日暴晒，一边谷芒粘满身，奇痒无比。而晒谷的，一般都是上了一定年龄的妇女。熟语"六月无太婆"，阴历六月，人人都要参与抢工分，没有可以休息的太婆。又语"六月无破箩"，这个时候连破箩筐也要用来装稻谷。

（二）抢　种

抢种，主要是耕田、插秧。

耕田，包括犁、耙、耖三种。过去生产队养有七八头水牛，平时由家口重、劳力少的家庭管养。我家七口人，只父母一个半劳力，因此，也领养一头耕牛。我从上幼儿园开始，边放牛、边上学。每年生产队给放牛户补贴七八百工分。稍大，再去放牛的时候，常常没有落扼，就下田，让用牛的人给我或犁、或耙、或耖。这样，我也学会犁耙耖。当时，一个生产队用牛的一般四五个人：两个犁田、一个耙田、一个耖田。用牛也算是技术活，按田亩计酬。

用牛也是半晡归半晡出，是个强体力活。没有点力气，犁耙耖都撤不动；也常常有用牛的人被耙齿、耖齿伤害的事故。

插秧，除糯谷、粳谷用铁锹锹秧，带土下田外，其他晚稻一般先拔秧，然后插秧。

一般要么在上午 9 点以前，要么在下午 4 点以后插秧。若在中间时间段插秧，秧苗的表面会被太阳晒焦，很难"还魂"。

我们会选择天不亮就到秧田拔秧。因这时插秧的话，看不清如何插，分不清所插的是谷秧还是秕子苗。另外，就是下午出工后先拔秧，再插秧。

不过拔秧也是门技术活，同样岁数的两个人，在同一时间所拔的秧苗无论数量、质量都有天壤之别。我是拔秧的高手，一个小时可以拔秧（规定的数量、洗净、笰好）六十多个（一亩田二百七十个左右），且像鬃毛刷子；笰秧时，一截稻草，转一圈，不用塞头，一手清。插秧时秧苗根根分离，手感好。

拔秧的最大苦处是，清晨，天蒙蒙亮时蚊子、虫子满天飞；秧田里的蚂蟥特别多；有时真的撮蚂蟥的时间都没有，让它吸饱血自己走掉。同时，拔秧也是力气活，没点力气拔不起秧苗，常常有人使力过度，一个个屁股蹲到水里。另外，秧龄长的秧苗，硬、锋利，常常手拔的都是伤口、茧。

早稻，常常打格子，人们在尼龙绳里插七纵秧。晚稻"双抢"插秧也一样，生产队给你尺杆、绳子，然后按亩计分。我十六岁后，就是一个插田的大老司。不要说打格子，就是再大丘的田，都会下去开支，插得又快又匀称。所以，虽然我还在读书，但"双抢"时插田的工分已与大人一样，一天可赚三四十分。我记得读大学时的暑假，自家"双抢"结束后，去给邻村的人插田。那时，每亩十元钱工钿，我自己拔秧、插田，一天要赚十二元钱，也就是一天一个人自己拔秧、插田一亩二分地。

插秧也有很多苦处，蚂蟥、蚊子、苍蝇少不了，9 点后上面一个骄阳、水中一个骄阳，把你烤得受不了。与刈谷一样，整天弯着腰，到第二天还伸不直。好在插秧可以把手靠在膝盖上，所以省力一些。

（三）生　活

1982 年农村实行家庭联产承包责任制前，特别是改革开放前，生活条件还是相当艰苦的。那个时候什么商品都凭票供应。老百姓就把各种票积蓄下来，在"双抢"时使用。比如：猪肉票、白糖票、菜油票等，尽量在"双抢"时咥得好一点，好有力气"抢工分"。

天光，多是咥饭。重体力活，喝粥，消化太快，到后来腹肌力气续不上。菜，一般是自留地种植的蔬菜，这个时候主要是天罗（丝瓜）、落苏（茄子）、空心菜、金瓜（南瓜）、冬瓜之类。农村家家户户养有母鸡，天罗汤漂一个鸡蛋花，算荤菜；偶尔也有肉丝漂蛋花。

晡午，多喝稀饭。因为刚"双抢"回来，马上到水塘、溪边、水井旁，洗个浴；家里也热，口又干，饭难咽。因此，多喝粥。也没有什么菜，一般是早饭剩下的。那时，有种四川涪陵过来的榨菜皮，还有温州上来的虾皮，两者都咸，"双抢"出汗多，需要咥咸一些，配粥好。

午补，"双抢"时长，每天下午 3 点左右，大家要咥了午补出工。有的，就是碗饭或粥，有的是拓满镬饼，有的是捣米豆腐等等不一。若有拓砂糖饼，烧面条、粉干，就算改善生活了。

晚阴，一日中稍丰盛一点。过去比较好的一些人家，过年杀猪，会留一只腿，挂在镬穿头熏火腿。"双抢"的时候，开火腿，每餐切一点点，泡个火腿蛋汤。像我们这种家口重的人家，只有看的份了。但有时犯鸡瘟之类，会宰个发病的鸡改善一下生活。

那时，出工带"茶筒"，两节毛竹，凿一个缺口，把中间的"节"打通，然后装"端午茶"或"施茶"。但带去的茶水常常不够喝，就到溪边或田坎下的冷水窟喝水，不管蚂蟥、蚯蚓，人附上去就是一腹。现在想起来还是怕怕的。

偶尔也有饮服社的人，用自行车拉着棒冰到田垄销售，二分的糖水棒冰、三分的赤豆或绿豆棒冰、五分的牛乳棒冰。我们会买一支二分的棒冰，也会给没钱买棒冰的人舔一舔，让他"冰"一下，过下瘾。

难忘"双抢"时的苦难生活。

毛　桃

　　小时候，我那城乡接合部大田基本种植粮食，无甚水果。原属生产队的山地也被大队核算时统筹了，种植桑树或茶叶树。只记得外婆的菜园（读 fēn）有棵南京桃，个体很大，但没等成熟就被人采摘完；另外还有棵梅尼，也没等到"三月梅儿尝咸淡"时，被小朋友用橡皮剪弹光。俗语"水果无娘，大世尝"，水果是开口货，就是主人在，你吃一个主人也不会怎样。桃树生长快，有"戳棒栽桃，后生种棕"之说。毛桃树可固泥沙，也是我们放牛小鬼的系牛之所。

　　还在毛桃未脱核夹生的时候，我们一班小朋友就会争先恐后地去采摘，然后各司各法或盦（读 ān）熟了咥，或煮或蒸再晒桃干。其实，毛桃成熟了会脱核，肉紫红色，有一种微酸带甜的独特味道。在那物质匮乏年代，不失为美味佳肴。任凭大人千交代万交代，不要去咥毛桃尼，熟语"毛桃尼咥起病，黄瓜夺尼送你的命"，但小孩还是偷着吃。

　　改革开放后，讲究效益农业，各种水果开种。仅桃就有黄桃、国庆桃、五月桃、水蜜桃等，但毛桃被嫁接，鲜有影子了。

　　十几年前，因无石头可捡，便开始开荒种植蔬菜，从几十平方米到上亩地。由于土质实在贫瘠，后多种上水果。有枣、柚、柑橘、黄桃、枇杷及外来的红美人、象山青、耙耙柑等。

　　三四年前，在一角落长出一棵毛桃苗。因回忆少时味道，略一修剪，让其疯长。

　　前年开始挂果，整串整串的，到成熟了，鸟儿吃、蜂车、虫蛀，满地都是。连说最喜欢桃尼的闺女，也只尝一下，就弃之了。

今年（2020年）是庚子年，水果也结瓜。现在毛桃成熟了，只是看，无人再吃了。其实，毛桃的仁，是治少儿咳嗽的好药。少儿喜欢吃，比任何西药好，无副作用，家中有小孩的不妨试试。

我小时候，患有气管炎，多咳嗽。因此，常常用锤子敲开桃核取仁，晒干，焙松，喷香、霉口。现在还记得那种味道。

剩饭酒

小的时候，家中兄弟姐妹五个，父亲常年身体羸弱，生产队效益低，实物分配、现金分红少，母亲既要参加生产队挣工分，又要给一大家子人糊口，但还是常常咥了上餐的饭愁下餐的米下锅。母亲最大的心愿最大的幸福就是谷满仓、米满缸。

对待粮食，父亲从小就教育我们要爱惜粮食。他自己也一样，饭粒掉到饭桌上，马上捡起来送进嘴巴里；若掉到地上，则捡起来撒给鸡、犬咥或放到泔水桶给猪咥。说脚踩粮食会遭雷打的，饭碗里的饭不吃完将来娶媳妇是个麻脸的。我们耳闻目睹，从小就知道如何珍惜粮食。以至于读大学时，去捡掉到饭桌上的米饭被人嘲笑。

1975年后，两个兄长有出息了，一个当老师有点工资补贴家用，一个学手艺，有年谷，加上我们最早制作杂交水稻的种子，因此解决了温饱问题，常常有剩饭出现。那时还没有冰箱之类的保鲜条件，其他季节还好说，夏天就不能保存到第二天再咥，到第二天饭会馊了的，又舍不得喂猪，怎么办？父亲一辈子不喝酒，但他从小跟祖母学会酿酒，特别是祖母会酿一手甜酒酿绝活。夏天，我们会在父亲的指导下，把剩饭放在钵头或羹碗加点凉开水拌入适量的红曲，盖上盖子，放在灶台或菜厨角落。第二天，米饭变粉红色，汤微甜。第三天，红曲与米饭融化，变成甜酒，可以当稀饭整碗咥。到了第四天，酒就会变糙了，有些凶。

这种剩饭酒，由于各种菌种多，不能多咥，多咥（喝）对身体无益，且有害；由于我常常咥它，以致有一天嘴歪、面瘫说不出话来。最后，延医针灸多时才好。

虽然之后不再酿剩饭酒，可我的酒量从此练就出来了。

山膏药豆腐

改革开放前，物质匮乏，小孩子又嘴馋，就生计挖孔；或学大人的做法，或根据大人的描述摸索之，比如踏青柿、烤松树虫、爁蟑螂等等。其中做山膏药豆腐，是小孩喜欢、大人不反对的"劳作"。

制作山膏药豆腐的食材是"山膏药叶"和"风撑下灰"。"山膏药柴"各地叫法都不同，就是在松阳，有的地方叫"山膏药柴"，有的地方叫"豆腐叶柴"，有的山区叫"山麻糍柴"，有的地方叫"山木樨"，西南山区却称其为"神仙豆腐柴"，松古平原的老百姓一般称"山膏药柴"。

夏天，山膏药树正茂盛，整株劈来，勒其叶子，洗净。用盆子盛适当的水（先小一点，后可以再增加），把"山膏药柴"叶子用双手使劲搓（有时家中几个小孩一同搓，取乐）；直到把叶子搓碎，水成糊浆；然后用纱布把渣沥掉，接着把"风撑下灰"用清水捣鼓，然后澄清（这道工序可以先完成），再把"风撑下灰"水慢慢倒入"山膏药"汁里，边倒灰汁水边按一个方向和着"山膏药"汁，直至"山膏药"有凝固感，置一边到凝固。后面的做法犹如做豆腐，因此，就成"某某豆腐"了。

这个"山膏药"豆腐，我们的标准烧制方法是，熬好油、弹好辣椒、炒酸菜，放水，放入"山膏药"豆腐，再添加佐料。

"山膏药"豆腐清凉解毒，但性寒，怕寒的人，咥了以后会吐清水。

烤虫哒

　　小时候，粮食紧缺，更无佳肴。像我们郊区，生产队就是种粮油作物（水稻、小麦、油茶、玉米、马铃薯、番薯、荞麦、大豆、萝卜、毛芋、豌豆），我记忆中还有20世纪60年代末种植的甘蔗、花生。因此，过年过节才会加工一点与粮油作物相关的茶佐、闲肴，如爆米花、爆玉米花、炒马铃薯片、炒番薯片、面刮儿、泡大豆等。

　　但那时，小孩也会寻哒的。

　　一个是柴架虫，属于松树虫。腊月年边，有些地方就砍一些死松树出售换点钱，而我们就买些柴火准备过年。一般要把死松树先按四十厘米左右一段一段地锯断，然后将其劈成四支、六支或八支。因为是死松树，劈柴的时候，里面会涌出许多松树虫。那时旁边围着一群小孩，大人一劈开柴架，就上去抢松树虫，抢到先放在瓶子或碗或罐里，有八条十条就拿回去用火烤起来哒。香、脆、嫩，且是高蛋白。常常会出现小孩抢松树虫，一群鸡也围着柴架在抢食，有的鸡直接从小孩手中把虫子啄去，囫囵吞下。

　　俗话说，宁可看人哒酒肉，不可看人劈树木。所以，大人也驱赶围着抢虫子的小孩，怕出危险。

　　还有一个，现在说起来，毛骨悚然，就是爠蟑螂。过去农村房子潮湿、邋遢，到处是蟑螂，且蟑螂繁殖很快，特别是衣柜、橱柜的角落、抽屉板的下面生长着很多的蟑螂。那时，我们会提个袋子，小孩子围着要打开的柜子，伸着手准备好；门一打开，迅速用手去抓蟑螂，然后放进袋子里。蟑螂有翅膀，会飞。有时一用力，把蟑螂的大肠也一起捏出来。接着，就是把蟑螂的翅膀摘掉，好一点的用火调烤；而我们常常是放在煤油灯的灯芯旁爝。再去头、脚，再就是放进嘴里嚼，咥得津津有味的。不要说，真的是很香。大人也不制止，说蟑螂祛小孩的"百日咳"。

现在，松树虫有人工饲养的了，成为大酒店里的名菜；而蟑螂只是小时候咥了的，也算乡愁吧。

踏青柿

　　松阳种植柿的历史悠久，明朝成化《松阳县志》水果栏目里就有"柿"；清代，汪灏《广群芳谱》中称"柿尤以处州松阳为奇品"，说明松阳产优质柿。这里的柿是经过人工嫁接的肉柿，个大、籽少、肉多、糖分高；还有一种是野生的水柿，个小籽多，适合做柿饼。另外，枫坪沿坑岭头还有一种柿枣儿。

　　柿要阴历九月后，才可采摘，松阳俗语"九月上杬摘黄柿"；但松阳人忌讳爬柿杬，说柿杬乌心（言杬脆），爬杬的人会掼死（摔死）的；大人禁止小孩爬柿杬。因此，过去采摘柿子用一根长长的竹子，上头扎一个网兜，兜口用钢丝圈着。人站在地上或其他借用物，一个一个摘下，费工夫。

　　小时候，我边上学边为生产队放牛，在小山、坑边常常会生长着野生的水柿。在大队的水果山上或人家的菜田也会零星栽着几棵肉柿杬。对水柿我们不屑一顾，只瞄准那几棵肉柿。阴历九月不到，有时在7、8月份吧，我们几个放牛的小鬼就围绕柿杬打转，尽管杬底下的地里没有丝毫牛咥的植物。就是大热天，也袯（chi）着长衣服，偷偷摸摸摘几个青柿回来。有时，被看守的人或主人家抓住，人家拿小孩没办法。小孩还强词夺理。

　　"偷"回来的青柿，不能马上咥，很涩嘴；又不能被父母知道，知道会被教训。这样，晒柿饼（干）是不行了。用芝麻梗戳起来盒，还是太青，盒不熟。怎么办？小孩子办法多多。最方便的方法，那时晚稻秧插下去不久，寻一丘偏僻一点的水田，把青柿踏入水土里，第三天去取出来，削皮，就很好咥了，甜甜的，不涩嘴。还有一个办法，偷偷地拿家里的一个罐，放入青柿，盛水满过青柿，然后从外面生产队（谷印用生石灰）或建筑工地"偷"把生石灰，放进罐里，搅拌一下，盖上盖子。过三四天，也熟了，很好咥。后者市面上也有的卖，称"石灰柿"。

　　现在说柿子空腹咥了或与牛乳一起咥会长结石，加上人工贵，所种柿子已没人采摘，基本上是挂在杈上饲鸟儿了。

扳鱼鳅

20世纪60年代末，对动植物破坏不怎么严重，蛙蟆（青蛙）、鱼鳅（泥鳅）、水蛇、虫子、水草等还是一个生物链存在着。后来，各种农药、化肥过度使用，使得一些动植物绝迹；加上农田产业结构的调整，像松阳松古平原过去以水稻为主的湿地失去田园风光；围绕湿地的生物链也断掉了，过去在湿地生活的鱼鳅、鳝鱼、水蛇、蛙蟆等，难得一见。

我小时候，也是一个扳鱼鳅的老司。过去，我郊区村庄的四周就是阔阔茫茫的田野。大田一般种植水稻；有纵横交错的水圳、小溪、小坑，便于排灌。夏天雷阵雨一歇，泥鳅就赶上水，则用俘篓儿去捞泥鳅。但这不是我的强项，因为大人比我跑得快，腿又高一些，他们可以涉水捞，我不行。

我的强项是扳鱼鳅。除了冬天怕冷不去外，其他季节都行。在某一水圳，把上游水截断（一般用滥镐头或泥土），等下游的水流干，即可从下游往上游方向扳鱼鳅了。若下游的水尚满，也可用脸盆戽水至干。扳鱼鳅深度有二十厘米左右即可。泥泞中的鱼鳅离开水后不活溜，常常躺在那，任你抓捕。泥巴深、有冷水泉的地方常常伴有鳝鱼。有时扳出一条头尾在泥土里看似鳝鱼的东西把它抓到脸盆或克萋里时，才看清是一条水蛇，赶紧扔掉（或让它游走），自己跳出泥沼。夏天正午时会到一丘刚耖好待插秧的田里，放置两支镐头，过会儿用稻草把四周泥巴围着，戽干水，然后扳、捉鱼鳅。平时也会到村庄庄里的圳股扳鱼鳅，这里的鱼鳅肥硕，但泥腥味太浓，要泡很长时间，否则不好咥。那时，一个正腩午（12:00到14:00）

能捕到一两斤的鱼鳅。家里每次把我捕捉的鱼鳅先用清水养一两日，然后用菜油煎透；再加黄瓜或蒲瓜或落苏滚一大锅。家人全咥辣，加入辣椒、大蒜（苗），另外紫苏少不了，一起滚烂。这样够一大家子（七口人）当一餐的菜。我虽然喜欢捉鱼鳅，但不喜欢咥鱼鳅，只喜欢咥与其配伍的菜。父亲喜欢腥味，有时，我只捉了几条鱼鳅，也让母亲烧一铜镬的菜，且咥得津津有味。

扳鱼鳅的地方多阴湿，蚊子多，夏天多牛虻。蚊子来叮咬时，顾不了双手泥巴，就去拍打；同时，小孩腿短，常常陷入泥沼；因此，每次扳鱼鳅回家，自己也成为鱼鳅了，全身黄泥涪浆。到家把鱼鳅一放，转身跳到水塘洗浴去了。

弄堂风

阴历规定"夏至后第三个庚日为初伏""立秋后第一个庚日为末伏第一天"。因此三伏天或三十天或四十天。俗语"热在三伏天",不过,每伏的第一天若下雨,叫漏伏,则以后每天都会下点雨,气温就不会十分高。过去官府"歇伏"、学生暑假、老百姓亦有"好汉不赚六月钿"之说。现代人办公、工作、坐车、宅家大多有空调,管它是不是三伏天了。20世纪七八十年代,家中有台电风扇就算了不起,大家更多的是用自编的麦秆扇或竹编的篾扇纳凉。

我老家在城郊,1982年前住的是两间低矮的平房。隔壁是外婆家——五间四客轩,言潘家"大丈间",东西向又都接有厨房,这样就成为"大堂厝"。这样,泥瓦房夏凉冬暖,"大丈间"又高耸,东西边门加上厨头门开启,形成空气对流。在正间与客轩的"弄堂",整天东风徐徐。特别是"双抢"回来,站在弄堂口,凉风习习,说不出的舒坦。小时候看着"潘家"人或在弄堂支一张竹床午睡,或坐在丈间青石上纳凉,相当羡慕,常常告诉父母到"大丈间"乘下凉。1982年,自家盖了大堂厝,享受了弄堂风的待遇。夏天的下半夜,父亲时常要起来合扇边门,怕着凉,第二天出不了工。之后,外出求学、工作,从此没有在老家长期居住。虽然生活、工作条件不断改善,电风扇、空调一应俱全,可还是常常怀念老家的"弄堂风"。

十几年前,在当时城里买了一套最高层复式房子,简约装修后搬了进去。可城里的通病就是"白色污染",加上电器的污染。大家一进门,门一关,就是开电器,没有四季自然更替的感觉。每到冬季夏天,妻女就喜欢开空调。我倒练成一个清不惊、热不怕的人,并对空调反感。特别是夏天的空调房，使人昏昏沉沉，全身不适。这样更想念老家的"弄堂风"。

一天中午，一人坐在客厅，妻子开门回来，一阵凉飕飕的风吹过来，即刻念叨"弄堂风"！于是开始关闭所有门窗，然后，开启南面通往露台的门，再打开北面客厅的一扇窗，马上就形成空气对流，制造了弄堂风。我还常常改变风向，或让凉风经过卧室或让凉风经过二楼书房。

现在，再热的天气，最多用一下电风扇，下半夜还需盖被单呢。我又享受"弄堂风"了。

后 记

　　"闲时乐着"是我在游戏"茶苑"、QQ、博客、微信里使用的网名，写文章时，落款又用"闲时乐者"，使用了二十多年。写了百余篇博文和上千篇的微信小文章，或介绍当地的风土人情、风俗习惯，或针砭时弊，发表些自己的看法。

　　2020年，我把见诸报刊的小文章、博文进行整理，筛选了部分文章按风俗习惯、闲聊趣事、外地印象、亦说医术、玩转矿石、难忘朋友、拳拳亲情、平凡生活、讲讲哲理、关注民生、自我励志、出门不易、教育话题、铭记乡愁等主题分门别类，形成书稿，准备结集出版。因文章当初就出现在"闲时乐着"的QQ、博客、微信里，故而，书名就用《闲时乐着》。

　　我为人作嫁衣裳二十多年，也想"立言、立德"，奈学识、境界有限，不能自成体系，只能用生活"碎片"拼凑某个时期或某个阶段或某个时间点的"思想"活动情况。

　　书稿虽然经过多次修改、删减，但有些地方还有"原型"的痕迹，不当之处，还请谅解。

　　成书过程中得到许多朋友、同事的关心、帮助，在此表示感谢！同时，囿于作者个体原因，书中不免有这样那样的差错，敬请批评指正。

闲时乐者（洪关旺）

2022 年 5 月